Maria Tag

Crowdsourcing

Maria Tag

Crowdsourcing

Ideengenerierung durch den Konsumenten

Reihe Gesellschaftswissenschaften

Impressum / Imprint

Bibliografische Information der Deutschen Nationalbibliothek: Die Deutsche Nationalbibliothek verzeichnet diese Publikation in der Deutschen Nationalbibliografie; detaillierte bibliografische Daten sind im Internet über http://dnb.d-nb.de abrufbar.

Alle in diesem Buch genannten Marken und Produktnamen unterliegen warenzeichen-, marken- oder patentrechtlichem Schutz bzw. sind Warenzeichen oder eingetragene Warenzeichen der jeweiligen Inhaber. Die Wiedergabe von Marken, Produktnamen, Gebrauchsnamen, Handelsnamen, Warenbezeichnungen u.s.w. in diesem Werk berechtigt auch ohne besondere Kennzeichnung nicht zu der Annahme, dass solche Namen im Sinne der Warenzeichen- und Markenschutzgesetzgebung als frei zu betrachten wären und daher von jedermann benutzt werden dürften.

Bibliographic information published by the Deutsche Nationalbibliothek: The Deutsche Nationalbibliothek lists this publication in the Deutsche Nationalbibliografie; detailed bibliographic data are available in the Internet at http://dnb.d-nb.de.

Any brand names and product names mentioned in this book are subject to trademark, brand or patent protection and are trademarks or registered trademarks of their respective holders. The use of brand names, product names, common names, trade names, product descriptions etc. even without a particular marking in this works is in no way to be construed to mean that such names may be regarded as unrestricted in respect of trademark and brand protection legislation and could thus be used by anyone.

Coverbild / Cover image: www.ingimage.com

Verlag / Publisher:
AV Akademikerverlag
ist ein Imprint der / is a trademark of
OmniScriptum GmbH & Co. KG
Heinrich-Böcking-Str. 6-8, 66121 Saarbrücken, Deutschland / Germany
Email: info@akademikerverlag.de

Herstellung: siehe letzte Seite /
Printed at: see last page
ISBN: 978-3-639-63138-8

Inhaltsverzeichnis

Inhaltsverzeichnis 1

Abbildungsverzeichnis 3

Abkürzungsverzeichnis 4

1. Einleitung 5

2. Crowdsourcing 7

   2.1. Definition 7

   2.2. Geschichte und Treiber von Crowdsourcing 8

      2.2.1. Geschichte..8

      2.2.2. Treiber 9

   2.3. Crowdsourcing nach FLIRT-Modell 10

      2.3.1. FLIRT-Ring 11

      2.3.2. Rolle der User...12

3. Kategorisierung von Crowdsourcing..15

   3.1. Arten von Crowdsourcing 15

   3.2. Abgrenzung zu Outsourcing und Open Source.........................21

      3.2.1. Outsourcing 21

      3.2.2. Open Source..21

4. Ideengenerierung durch den Konsumenten 24

   4.1. Ideengenerierung 24

   4.2. Entwicklung des aktiven Konsumenten.....................................26

   4.3. Der Kunde als Wertschöpfungspartner 28

5. Marktforschung: Experteninterviews 31

   5.1. Marktforschung..31

   5.2. Vorbereitung der Experteninterviews 32

5.3. Experteninterview mit Frau Köster von 12designer 33

5.4. Experteninterview mit Frau Czentarra von inno-focus businessconsulting 40

6. Auswertung der Experteninterviews 46

6.1. Einleitung zur Auswertung der Interviews 46

6.2. Crowdsourcing-Projekt Durchführung 46

6.2.1. Projekt Vorbereitung 46

6.2.2. Projekt Verlauf 49

6.2.3. Projekt Abschluss 50

6.3. Motivierung der Ideengeber 51

6.4. Crowdsourcing Vorteile für Unternehmen 54

6.5. Crowdsourcing Nachteile für Unternehmen 57

6.6. Crowdsourcing Vorteile für Konsumenten 59

6.7. Crowdsourcing Nachteile für Konsumenten 61

6.8. Zukunftsausblick für Crowdsourcing 63

6.9. Ideenentwicklung durch den Konsumenten 64

7. Fazit 67

Literaturverzeichnis 69

Internetquellen 71

Abbildungsverzeichnis

Abbildung 1: FLIRT-Modell nach Viitamäki 11

Abbildung 2: Arten von Crowdsourcing (selbsterstellte Grafik) 16

Abbildung 3: Crowdsourcing vs. Open Source nach opensource.com 22

Abbildung 4: Arten der Ideengenerierung (selbsterstellte Grafik nach

Hartschen et al.) 25

Abbildung 5: Befragung durch 12designer „Was motiviert Dich an einem

Design Projekt teilzunehmen?" 52

Abbildung 6: „Pril schmeckt lecker nach Hähnchen" von tn3 58

Abkürzungsverzeichnis

Bayerische Motoren Werke.. BMW

Focus-Language-Incentives-Rules-Tools-Modell............... FLIRT-Modell

United States of America... USA

1. Einleitung

In der heutigen Zeit müssen sich Unternehmen zahlreichen Herausforderungen stellen. Der Kunde hat sich von dem markentreuen, reinen Verbraucher der Nachkriegszeit zu einem eigensinnigen Konsumenten entwickelt, dessen Wünsche schwer zu bestimmen sind und der sich nicht mehr so einfach in eine bestimmte Zielgruppe einordnen lässt. Durch das Internet herrscht heute zudem eine Preistransparenz, durch die der Kunde einen viel höheren Informationsstand hat und sich nur schwer an ein Unternehmen binden lässt. (Lang nach Horx, 2010) Dies führt zu einem steigenden Konkurrenzdruck, der einen Innovationsdruck zu Folge hat. Die Unternehmen sind zu kürzeren Innovationszyklen gezwungen, die steigende Kosten für die Forschung und Entwicklung mit sich bringen. (Gassmann, Enkel, 2006)

Der Markt des 21. Jahrhunderts ist somit umkämpfter denn je. Damit ein Unternehmen, trotz der vielen Herausforderungen, wettbewerbsfähig und erfolgreich bleibt, muss es einen Weg finden, die Wünsche der Kunden besser zu identifizieren, die Kunden an das Unternehmen zu binden und auf eine kostengünstige Weise innovative Ideen zu entwickeln. Eine mögliche Methode, um all dies zu erreichen wäre das junge Phänomen „Crowdsourcing". Crowdsourcing ist die Auslagerung von betrieblichen Aufgaben, wie der Ideengenerierung, auf eine undefinierte Masse, die es den Kunden ermöglicht ihre eigenen Ideen dem Unternehmen zu kommunizieren und somit als Ideengeber für das Unternehmen zu fungieren. (Howe, 2007)

Doch was verbirgt sich hinter dem Begriff Crowdsourcing? Auf welche Weise kann der Kunde innerhalb des Crowdsourcing agieren? Wie unterscheidet es sich von anderen Verfahren der Ideengenerierung? Und auf welche Weise können Unternehmen und die Kunden davon profitieren? Die vorliegende wissenschaftliche Arbeit soll genau diese Fragen differenzieren und im Detail beleuchten, um weitreichenden Aufschluss über ein innovatives Instrument zur Ideengenerierung für Unternehmen zu geben.

2. Crowdsourcing

2.1. Definition

Crowdsourcing ist ein Neologismus, der sich aus den Begriffen „Crowd" und „Outsourcing" zusammensetzt. (Pelzer et al., 2012) Er beschreibt die Auslagerung von Arbeits- und Kreativprozessen an eine Gruppe von Internetnutzern zur Generierung verschiedener Werte. (Pelzer, 2012) Diese Werte können Innovationen, Gestaltungsideen oder Problemlösungen sein.

Zum ersten Mal erwähnt wird Crowdsourcing im Jahre 2006 durch Jeff Howe im Wired Magazine, in seinem Artikel „The Rise of Crowdsourcing". Er bezeichnet Crowdsourcing als „[...] the new pool of cheap labor: everyday people using their spare resources to create content, solve problems, even do corporate (!) R & D." (Howe, 2006) Somit bezeichnet Howe Crowdsourcing als einen Pool günstiger Arbeitskräfte, die ihre Ressourcen dazu verwenden, Inhalte zu kreieren, Probleme zu lösen und die Forschungs- und Entwicklungsabteilung zu unterstützen.

Im Jahr 2007 geht er mit seiner Definition noch weiter und stellt fest „Crowdsourcing is the act of taking a job traditionally performed by a designated agent (usually an employee) and outsourcing it to an undefined, generally large group of people in the form of an open call". (Howe, 2007) Howes Auffassung nach wird bei Crowdsourcing eine, üblicherweise von einem Mitarbeiter des Unternehmens erledigte, Arbeit oder Aufgabe auf eine große und undefinierte Menschenmasse durch einen offenen Aufruf übertragen.

Der „Job", beziehungsweise die Aufgabe, die an die Masse der Internetnutzer übertragen wird, kann sowohl eine Innovationserschaffung als auch eine

Mitgestaltung am Produkt durch den Konsumenten sein. Auf diese Weise fungiert Crowdsourcing als ein Ideengenerator, durch den Unternehmen neue Innovations- und Kreationsideen erhalten. Der Konsument, der durch das Crowdsourcing aktiv am Wertschöpfungsprozess beteiligt ist, wird zu einem aktiven und zugleich kostengünstigen Co-Kreator des Produktes. (Kleemann et al., 2008)

2.2. Geschichte und Treiber von Crowdsourcing

2.2.1. Geschichte

Noch bevor das Phänomen Crowdsourcing von Jeff Howe im Jahre 2006 erstmals benannt und definiert wurde, wurde es bereits in der frühen Neuzeit des Öfteren angewandt. Folgende Beispiele sollen dies exemplarisch veranschaulichen.

Das britische Parlament schrieb 1714 einen Aufruf zur Bestimmung des Längengrades aus. Dabei wurden 20.000 Pfund für die Entwicklung einer praktischen Methode zur Bestimmung des Längengrades versprochen. 1773 erhielt schließlich John Harrison den Preis für die Entwicklung der Präzisionsuhr. (Gassmann, 2010)

Ein weiteres historisches Beispiel für Crowdsourcing ist die Entwicklung des „Planters Peanuts"-Logo. Das Unternehmen Planters Peanuts veranstaltete 1916 einen offenen Wettbewerb, um ein Unternehmenslogo zu entwickeln. Dabei gewann ein 14-jähriger Junge mit seiner Einsendung des „Mr. Peanut". Das Logo schmückt, mit wenigen Veränderungen, noch heute die Produkte des Planters Peanuts. (Planters Peanuts, 2013)

2.2.2.Treiber

Obwohl es in der Geschichte immer wieder Crowdsourcing-Projekte gab, haben ihre Anzahl und die der Crowdsourcing-Plattformen erst im letzten Jahrzehnt rapide zugenommen. Dieser rasante Aufstieg des Crowdsourcing wurde von mehreren Treibern ermöglicht. (Dawson, Bynghall, 2012)

Vernetzung

Das Web 2.0. bewirkte eine bis dahin nicht vorhandene Vernetzung der Kunden untereinander und mit dem Unternehmen. Es entstanden Crowdsourcing-Communities, die einen Raum für den Austausch von Gedanken, Fragen, Ideen und Lösungen bieten. (Pelzer et al., 2012)

Digitalisierung und technischer Fortschritt

Digitalisierung und technischer Fortschritt lieferten günstige und bessere technische Ausrüstung, wie zum Beispiel Digitalkameras oder Design-Tools. Sie erlauben es den Ideengebern, durch Kreieren von Designs oder dem Fotografieren ihrer Entwürfe, das Unternehmen von Zuhause aus zu unterstützen. (Pelzer et al., 2012)

Globalisierung

Die Globalisierung, das Entstehen einer Weltwirtschaft, ermöglicht den Zugriff auf eine viel größere und vielseitigere Crowd. Dadurch erhöht sich nicht nur die Wahrscheinlichkeit auf mehr und bessere Ideen und Innovationen, sondern erlaubt auch einem deutschen Unternehmen auf Ideen außerhalb der Ländergrenzen, wie von Ideengebern aus China, Kanada oder Süd-Afrika, zuzugreifen. Dies ermöglicht den Unternehmen einen neuen Blickwinkel zu erhalten. (Pelzer, 2011)

<u>Demokratisierung</u>

Ein weiterer Treiber hinter dem Phänomen Crowdsourcing ist die Demokratisierung des Kunden. Der Kunde wird von dem Unternehmen nicht mehr als reiner, passiver Abnehmer des Produktes wahrgenommen, sondern als potenzieller Ideenlieferant für neue Produkte und Innovationen geschätzt. (Pelzer, 2011)

<u>Kostendruck</u>

Auch der Kostendruck, der viele Unternehmen belastet, ist ein weiterer Treiber hinter Crowdsourcing. (Dawson, Bynghall, 2012) Viele Unternehmen sind zu Sparmaßnahmen im Bereich Marketing oder Forschung und Entwicklung gezwungen. Dennoch müssen sie, um konkurrenzfähig zu bleiben, Innovationen und neue Ideen liefern können. Daher wird Crowdsourcing als kostengünstiger Ideengenerator für Unternehmen immer interessanter.

2.3. Crowdsourcing nach FLIRT-Modell

Das FLIRT-Modell nach Sami Viitamäki, einem finnischen Marketingexperten, stellt das Phänomen Crowdsourcing aus der Sicht der Unternehmen dar. Das Modell besteht aus vier Ringen. Der äußere Ring (FLIRT-Ring) beinhaltet die Elemente, die beim Einsatz von Crowdsourcing zu beachten sind. Die inneren drei Ringen zeigen die Rollen, die der User innerhalb eines Crowdsourcing-Projektes einnehmen kann. (Lang nach Viitamäki, 2010)

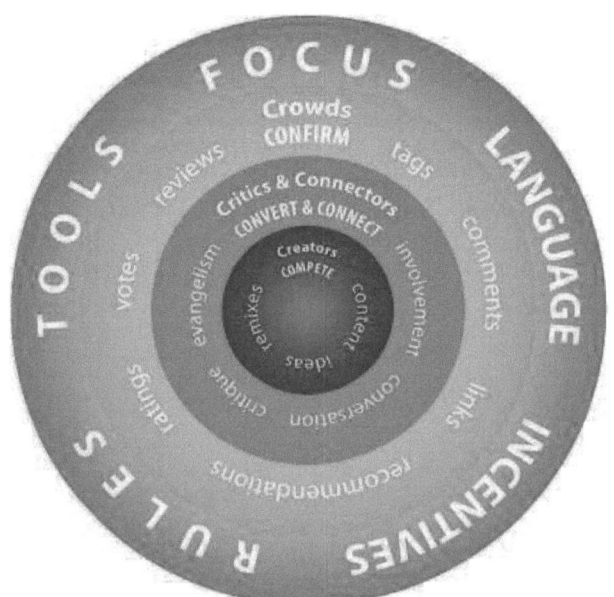

Abbildung 1: FLIRT-Modell nach Viitamäki

2.3.1.FLIRT-Ring

Der äußere Ring (FLIRT-Ring) enthält laut Viitamäki folgende Elemente: Focus, Language, Incentives, Rules und Tools. (Viitamäki, 2008)

Der erste Schritt für die Gestaltung eines Crowdsourcing-Projektes ist Focus. In dieser Phase muss das Unternehmen seine Ziele, seine Zielgruppe und die, für das Crowdsourcing vorhandenen, Ressourcen definieren. (Viitamäki, 2008)

Bei Language, also der Kommunikation, muss das Unternehmen darauf achten, dass das Crowdsourcing-Projekt auf eine authentische, interessante, anziehende und vor allem verständliche Weise dem Kunden kommuniziert wird. (Viitamäki, 2008)

In der Incentives-Phase muss das Unternehmen laut Viitamäki einen Anreiz festlegen, der die Crowd zum Mitmachen animiert. Der Anreiz kann monetärer Art sein oder dem User eine Herausforderung oder Freude beim Mitmachen bieten. (Viitamäki, 2008)

Ein weiterer wichtiger Schritt für die Gestaltung eines Crowdsourcing-Projektes ist die Rules-Phase, also das Festlegen der Regeln. Dabei müssen klare und verständliche Regeln und Bedingungen für die Teilnahme der Crowd am Projekt und das Erstellen von Inputs definiert werden. (Lang nach Viitamäki, 2010)

Das letzte Element, das beim Einsatz von Crowdsourcing zu beachten ist, sind die Tools. Tools sind Werkzeuge, die das Unternehmen der Crowd zur Verfügung stellen muss, um ihr die Generierung der gewünschten Inputs zu ermöglichen. (Viitamäki, 2008)

Somit bildet der äußere Ring des FLIRT-Modells den Rahmen für ein Crowdsourcing-Projekt ab.

2.3.2. Rolle der User

Die inneren drei Ringe des FLIRT-Modells veranschaulichen die verschiedenen Rollen, die der Kunde innerhalb des Crowdsourcing einnehmen kann. (Lang nach Viitamäki, 2010)

Der innerste Ring des Modells beinhaltet die „Creators". Creators tragen nach Auffassung von Viitamäki aktiv zum Wertschöpfungsprozess bei und bereichern das Unternehmen mit Innovationen, Ideen, Inhalten und Problemlösungen. (Viitamäki, 2007)

Im folgenden Ring befinden sich die „Critics" und „Connectors". Diese tragen zwar nicht aktiv zur Entstehung des Inputs bei, allerdings unterstützen die Critics den Crowdsourcing-Prozess, indem sie Kritik zu den Ideen der Crowd äußern. Die Connectors hingegen unterstützen Crowdsourcing-Projekte indem sie anderen davon berichte und Mundpropaganda betreiben. (Lang nach Viitamäki, 2010) Somit erhöht sich die Wahrscheinlichkeit weitere Creators für das Projekt zu gewinnen.

Der äußerste dieser Ringe umfasst die restlichen Teilnehmer der Crowd. Dieser beinhaltet den Großteil der User, die nicht am Schaffungsprozess teilnehmen, aber das Ergebnis des Crowdsourcing oder die Ideen konsumieren, bewerten und kommentieren. (Lang nach Viitamäki, 2010) Auf diese Weise kann das Unternehmen die Crowd entscheiden lassen, welcher Input ihren Geschmack und ihre Bedürfnisse am meisten trifft.

Die Anzahl der User in den inneren drei Ringen und ihre Beteiligung am Projekt entsprechen laut Viitamäki dem 1-9-90 Modell von Jacob Nielsen. (Viitamäki, 2007) Das Modell von Nielsen besagt, dass in den meisten Online-Communities 1% der User den meisten Inhalt beitragen, 9 % ihn gelegentlich unterstützen und 90% also der größte Anteil der User den Inhalt wahrnehmen und konsumieren aber nicht aktiv dazu beitragen. (Nielsen, 2006) Überträgt man das 1-9-90 Prinzip auf das FLIRT-Modell, bedeutet das, dass bei einem Crowdsourcing-Projekt 1% der User, also die Creators, den Inhalt erstellen, 9%, die Critics und Connectors, den Inhalt bewerten und der Rest der User, die Crowd, den Inhalt lediglich konsumieren. (Lang nach Viitamäki, 2010)

Somit zeigen die inneren drei Ringe des FLIRT-Modells von innen nach außen, die zunehmende Teilnahme aber zugleich sinkende Mitwirkung der Kunden an einem Crowdsourcing-Projekt.

3. Kategorisierung von Crowdsourcing

3.1. Arten von Crowdsourcing

In den vorherigen Kapiteln der Arbeit wurde der Begriff Crowdsourcing näher erläutert, die Geschichte und Treiber hinter diesem Phänomen analysiert und die Rollen, die der Konsument innerhalb eines Crowdsourcing-Projektes einnehmen kann, definiert. Im folgenden Kapitel sollen nun die verschiedenen Typen von Crowdsourcing erläutert werden.

Crowdsourcing lässt sich in mehrere Typen unterteilen. Diese sind: Open Innovation, Creative Crowdsourcing, Microtasking, Crowdvoting und Crowdfunding. Alle Crowdsourcing-Typen teilen die folgenden Eigenschaften:

1.) Crowdsourcing-Projekte werden alle seitens eines Unternehmens initiiert.

2.) Ihr Ziel ist die Anreicherung des Wertschöpfungsprozesses durch kostengünstige Aktivierung kreativer Potenziale.

3.) Die Unternehmen behalten stets die Kontrolle über den Wertschöpfungsprozess und entscheiden wann und wie die Crowd innerhalb des Crowdsourcing agieren kann. (Kleemann et al., 2008)

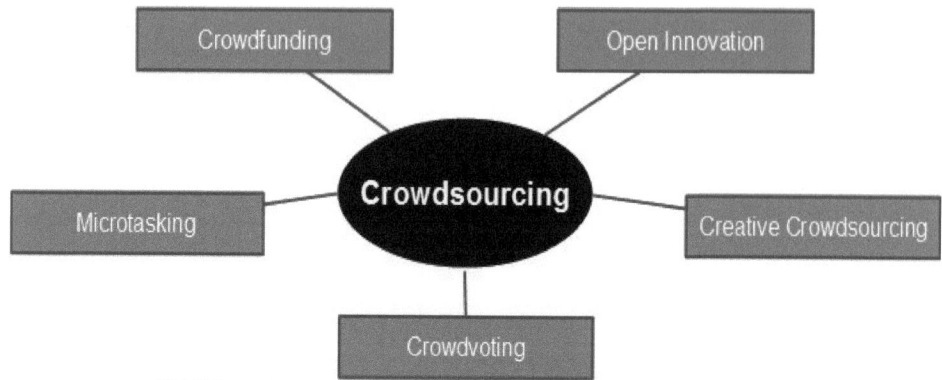

Abbildung 2: Arten von Crowdsourcing (selbsterstellte Grafik)

<u>Open Innovation</u>

Open Innovation ist laut Reichwald und Piller „[...] die Zusammenarbeit zwischen Unternehmen und Kunden, die sich auf Wertschöpfungsaktivitäten im Innovationsprozess bezieht und auf die Entwicklung neuer Produkte für einen größeren Abnehmerkreis abzielt." (Reichwald, Piller, 2009, S.9) Somit ist Open Innovation ein Innovationsprozess, der nicht an den Grenzen des Unternehmens endet (Möslein, Zerfaß, 2009), sondern diese öffnet und den Kunden in den Prozess der Innovationsentwicklung mit einbindet, wodurch der Kunde zum (Mit-)Entwickler der Innovation wird.

Im Rahmen eines Open Innovation Projektes wird die Crowd durch einen offenen Aufruf des Unternehmens dazu aufgefordert Innovationsideen zu generieren und diese an das Unternehmen zu leiten. (Bretschneider, Leimeister, 2011) Dies kann durch einen Ideenwettbewerb auf der eigenen Homepage oder durch einen Aufruf auf einer virtuellen Ideen- oder Innovationsplattform, wie zum Beispiel bonspin (bonspin.de) oder Innovationskraftwerk (Innovationskraftwerk.de), geschehen. Ideenplattformen verfolgten das Ziel Unternehmen und potenzielle Ideengeber zusammen zu bringen. Dabei können Unternehmen im Rahmen eines Ideenwettbewerbs die Mitglieder der Plattform dazu auffordern ihre Ideen an das Unternehmen zu leiten. Auch Community-Mitglieder, die zugleich Kunden des Unternehmens sind, können an der Ideengenerierung des Unternehmens somit teilnehmen.

Nach Auffassung von Gassmann und Enkel kann Open-Innovation in die folgenden drei Strategietypen unterteilt werden:

1.) Outside-In Prozess: Das interne Wissen wird durch externe Akteure, wie Kunden, angereichert und die Fähigkeit zum Innovieren wird gesteigert.

2.) Inside-Out Prozess: Externe Kommerzialisierung von Ideen wird unterstützt, um sie schneller auf den Markt zu bringen.

3.) Coupled Prozess: Eine Kombination aus dem Outside-In (Integration) und dem Inside-Out (Externalisierung) Prozess im Rahmen einer Allianz mit einem gleichwertigen Partner. (Gassmann, Enkel, 2006)

Beim Crowdsourcing und der Ideenlieferung durch den Konsumenten wird vor allem der Outside-In Prozess eingesetzt. Das Unternehmen bereichert sein internes Wissen mit den Anregungen der Konsumenten. Durch die hohe Anzahl der externen Ideen steigt zugleich die Wahrscheinlichkeit eine Innovation zu kreieren. Zudem entsteht für Unternehmen durch Crowdsourcing die Möglichkeit Kosten im Bereich der Innovationsentwicklung zu sparen. Um Innovationen zu entwickeln, müssen Unternehmen sehr viel Geld in Forschung und Entwicklung investieren, und das in manchen Fällen sogar ohne Erfolg. Durch den Einbezug des Kunden in den Prozess der Ideengenerierung und Innovationsentwicklung, erhält das Unternehmen für einen vergleichsweise niedrigen Preis sehr viele Ideen, wodurch nicht nur die Wahrscheinlichkeit für die Generierung einer Innovation steigt, sondern auch die Kosten für Forschung und Entwicklung für das Unternehmen sinken.

<u>Creative Crowdsourcing</u>
Beim Creative Crowdsourcing erhält die Crowd die Möglichkeit sich kreativ durch Design- und Gestaltungsaufgaben an der Wertschöpfung des Unternehmens zu beteiligen. (Leimeister, 2012) Dabei wird zwischen dem Creative Contest, individuellen Design und der userbasierten Massenfertigung unterschieden:

Beim Creative Contest wird die Crowd durch das Unternehmen dazu aufgefordert, Design- und Gestaltungsideen für ein Firmenlogo, Produktnamen, Slogan, Flyer oder ein Produkt zuzusenden. Anschließend wird durch Abstimmung der Crowd oder einer internen Entscheidung des Unternehmens der Sieger bestimmt und bekannt gegeben. Beispiele für solche Design-Plattformen sind 12designer (12designer.de) oder crowdsite (crowdsite.de).

Bei einem individuellen Design, wie zum Beispiel auf shirtinator (shirtinator.de), hat der Kunde die Möglichkeit, mit den von einem Unternehmen angebotenen Elementen, wie zum Beispiel die Wahl der Farben, Größen und des Schriftzuges bei einem T-Shirt Design, ein individuelles Produkt nach seinen Wünschen und Vorstellungen zu gestalten. Ohne Crowdsourcing und die Beteiligung der Crowd am Produktdesign, wären diese Unternehmen nicht existenzfähig.

Die userbasierte Massenfertigung ist eine Mischung aus dem Creative Contest und dem individuellen Design. Dabei kann der User genau wie beim individuellen Design mit den ihm vorgegeben Ressourcen individuelle Produkte, wie zum Beispiel ein T-Shirt oder auch Schokolade, gestalten. Allerdings hat das Unternehmen nach Lang in diesem Fall die Möglichkeit, das kreierte Produkt auch anderen Usern zum Verkauf anzubieten und beteiligt den Designer am Gewinn. Ein Beispiel hierfür ist spreadshirt (spreadshirt.de). (Lang, 2010)

Durch Creative Crowdsourcing erhalten die Konsumenten die Möglichkeit dem Unternehmen bei seiner Ideensuche zu helfen und an der Wertschöpfung beteiligt zu sein. Besonders im Bereich des individuellen Designs haben die Kunden das Gefühl das Produkt „mit erschaffen" zu haben. Die Zeit, die die Ideenentwickler in die Designs und Entwürfe investieren und das Gefühl an der Wertschöpfung beteiligt zu sein, festigen die emotionale Bindung zwischen dem Kunden und dem Unternehmen. Auf diese Weise kann ein Gelegenheitskunde, der zuvor nur ab und zu die Produkte des Unternehmens konsumiert hat, zu einem treuen Kunden werden.

Microtasking
Microtasking ist das Zerteilen einer großen Aufgabe in viele kleine Aufgaben, die an die Crowd zum Bearbeiten weitergegeben werden. Die meisten Microtasking Aufgaben sind kleine Abhilfearbeiten, wie die Suche nach einer bestimmten Mail-Adresse im Internet oder die Übersetzung eines Satzes in eine andere Sprache, die dem Unternehmen ohne deren Auslagerung viel Zeit kosten würde. (Bratvold, 2011)

Crowdvoting
Beim Crowdvoting wird die Crowd zu Bewertungen, Abstimmungen oder Empfehlungen durch ein Unternehmen aufgefordert. Dabei kann die Crowd

entweder Produkte und Dienstleistungen von Unternehmen bewerten und Empfehlungen aussprechen oder über Ideen der Masse, wie zum Beispiel bei einem Ideenwettbewerb, abstimmen. (Leimeister, 2012)

Durch das Abstimmen und Bewerten der Ideen liefern diese Teilnehmer zwar keine konkreten Ideen, jedoch sind sie ebenfalls von großer Wichtigkeit für die Unternehmen. Durch das Abgeben ihrer Stimmen teilen sie dem Unternehmen gleichzeitig mit, welche der Einfälle ihre eigenen Vorstellungen am besten abdeckt und somit die größten Erfolgschancen hat. Zudem verraten sie dem Unternehmen, durch das Abgeben ihrer Stimme, wichtige Informationen, wie ihre Präferenzen oder Geschmäcker, die das Unternehmen als Informationsquelle für Produktentwicklungen und Verbesserungen nutzen kann.

Crowdfunding

Crowdfunding, auch Schwarmfinanzierung genannt, ist die Finanzierung von Projekten mit Hilfe vieler kleiner Spenden durch die Crowd. (Begner, 2012) Dadurch können laut Miertzschke zum Beispiel CD-Aufnahmen junger Bands, kleine Filmproduktionen oder die Entwicklung von Videospielen finanziert werden. Die Crowd erhofft sich durch die Spenden einen Gegenwert, wie ein Dankeschön, eine Prämie, eine Erwähnung auf dem Cover der CD oder das Erfolgserlebnis ein besonderes Projekt gemeinsam realisiert zu haben. Die Crowd agiert somit als stiller Kapitalgeber. (Miertzschke, 2012) Beispiele für eine Crowdfunding-Plattform sind startnext (startnext.de) oder seedmatch (seedmatch.de).

Nicht alle Crowdsourcing-Typen dienen direkt zur Ideengenerierung, dennoch bereichern sie alle das Unternehmen. Ob es nun die Ideenlieferung, Preisgabe von Kundeninformationen oder finanzielle Unterstützung durch den

Kunden ist, sie alle festigen die Bindung zum Kunden, bereichern das Unternehmen bei seinem Wetzschöpfungsprozess, erhöhen seine Erfolgschancen und verschaffen ihm Wettbewerbsvorteile.

3.2. Abgrenzung zu Outsourcing und Open Source

Crowdsourcing ähnelt in vielen Punkten Outsourcing und Open Source. Jedoch gibt es auch große Unterschiede zwischen diesen Verfahren.

3.2.1. Outsourcing

Outsourcing ist die Verlagerung von Aufgaben auf Drittunternehmen. Dabei ist das Motiv der Drittunternehmen rein finanzieller Art. Die Aufgaben der Auftraggeber sind klar definiert und lassen den Drittunternehmen kaum Spielraum für eigene Ideen.

Beim Crowdsourcing hingegen wird eine Aufgabe oder Problemstellung auf eine undefinierte Masse von Internetnutzern verlagert. Zwar werden auch beim Crowdsourcing Regeln durch das Unternehmen aufgestellt, jedoch werden die User zur eigenen Ideenentwicklungen vom Unternehmen aufgefordert. Das Motiv ist hier vor allem der Spaß, das Gefühl einen Beitrag zu leisten und in manchen Fällen auch eine finanzielle Belohnung. (Szymaniak nach Michelis und Schildhauer, 2012)

3.2.2. Open Source

Open Source ist die Öffnung des Quellcodes einer Software zur Weiterentwicklung durch die Masse. Dabei können sowohl Unternehmen als auch User an der Weiterentwicklung teilnehmen. Da die Ergebnisse der Weiterentwicklung ein Allgemeingut sind und für jeden kostenlos zur Verfügung stehen, haben die User ein größeres Interesse an der Teilnahme als Unternehmen. (Szymaniak nach Michelis und Schildhauer, 2012)

Wie auch beim Crowdsourcing basiert die Motivation der User meistens auf einem Unterhaltungsfaktor oder dem Gefühl an der Entstehung von etwas beteiligt zu sein. Jedoch gibt es beim Open Source wesentliche Unterschiede zum Crowdsourcing. Während sich beim Crowdsourcing eine große Masse an Usern beteiligt, profitieren nur wenige einzelne davon. Beim Open Source hingegen profitiert jeder, der sich am Projekt beteiligt oder das Produkt nutzt. (Grams, 2010)

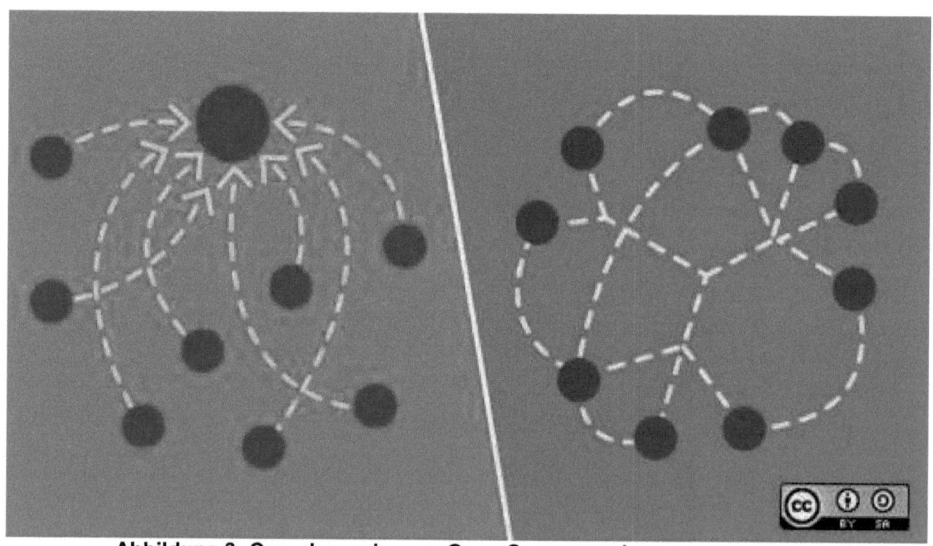

Abbildung 3: Crowdsourcing vs. Open Source nach opensource.com

In einem Crowdsourcing-Projekt erhält das Unternehmen, wie auf Abbildung 3 zu erkennen ist, unzählige Ideen und Lösungen von der Masse, von denen es sich die beste Idee auswählen kann. Der Gewinner wird dabei durch eine namentliche Nennung oder finanzielle Entlohnung prämiert. Die vielen anderen Teilnehmer, deren Ideen nicht von dem Unternehmen ausgewählt wurden, gehen trotz der investierten Arbeitsstunden leer aus. Somit profitieren primär das Unternehmen und der ausgewählte Gewinner vom Crowdsourcing. (Grams, 2010)

Bei Open Source steht der Quellcode einer Software jedem, der sie verwenden oder weiterentwickeln möchte, zur freien Verfügung. (Grams, 2010) Da der Quellcode frei ist, kann jeder, wie auf Abbildung 3 veranschaulicht, die Software verbessern, kostenlos teilen oder auch eingebaute Ideen und Lösungen anderer Nutzer weiterentwickeln. Die Motivation der User ist hierbei, dass sie etwas voranbringen und optimieren, was sie auch selbst nutzen werden. Sie sind überzeugt, dass jede Stunde, die sie in die Weiterentwicklung einer Software stecken, zu deren Verbesserung beiträgt und sie dadurch für ihre Mühen entlohnt werden. Auf diese Weise profitieren durch Open Source alle, die sich daran beteiligen.

4. Ideengenerierung durch den Konsumenten

In der vorliegenden Arbeit wurde bisher das Phänomen Crowdsourcing, dessen verschiedene Typen und verwandte Methode näher beleuchtet. In den folgenden Kapiteln soll nun der Fokus auf die Ideengenerierung und die Zusammenarbeit mit dem Konsumenten gelegt werden.

4.1. Ideengenerierung

Das Generieren neuer Ideen ist für Unternehmen äußerst wichtig. Denn nur durch Ideen können Unternehmen neue Produkte entwickeln, vorhandene Produkte optimieren und sogar Innovationen kreieren.

Innovationen sind nach Hauschildt und Salomo „[...] qualitativ neuartige Produkte oder Verfahren, die sich gegenüber einem Vergleichszustand "merklich" - wie auch immer das zu bestimmen ist - unterscheiden." (Hauschildt, Salomo, 2007, S.4) Demnach ist eine Innovation ein Produkt oder ein Verfahren, das es in dieser Art noch nicht gab. Für Unternehmen ist es sehr wichtig innovationsfähig zu sein, denn durch Innovationen können sie sich den Veränderungen des Marktes besser anpassen, neue Märkte erschließen, Kosten einsparen (zum Beispiel durch innovative Produktionsmöglichkeiten), ein modernes Image erhalten und somit Wettbewerbsvorteile gegenüber ihren Konkurrenten erlangen.

Doch wie gelangen Unternehmen zu Ideen für neue Produkte, Produktoptimierungen oder Innovationen?

Es gibt für Unternehmen mehrere Möglichkeiten Ideen zu kreieren. Die erste Möglichkeit ist die interne Ideengenerierung. Hier werden Ideen vom

Unternehmen hinter verschlossenen Türen entwickelt und dem Kunden erst in fertiger Form, beispielsweise als ein neues Produkt, präsentiert. Der Kunde hat hier keine Möglichkeit seine Wünsche oder gar eigene Vorschläge mit einzubringen.

Die zweite Möglichkeit zur Ideenentwicklung ist die Beobachtung des Kunden und des Marktes. Dabei versuchen Unternehmen, anhand von Marktforschungen, Kundenbeobachtungen und Kundenreklamationen, die Vorstellungen und Präferenzen der Kunden zu bestimmen und Ideen zu entwickeln, die diese befriedigen können. Zwar finden die Wünsche der Kunden so bis zu einem gewissen Grad Berücksichtigung, allerding können sie auch hier keine Ideen aktiv mit einbringen.

Interne Ideengenerierung	Kunden- und Marktbeobachtung	Ideengenerierung durch den Kunden
• Forschung & Entwicklung • Kreativtechniken	• Kundenbeobachtung • Kundenreklamation • Marktforschung • Trendstudien • Marktbeobachtung	• Crowdsourcing • Open Innovation • Ideenwettbewerb

Abbildung 4: Arten der Ideengenerierung (selbsterstellte Grafik nach Hartschen et al.)

Die letzte Möglichkeit zur Ideengenerierung für Unternehmen ist die Ideenlieferung durch den Kunden. Hierbei werden die Kunden, wie zum Beispiel durch Crowdsourcing, dazu aufgefordert, ihre individuellen Ideen dem Unternehmen zukommen zu lassen. Die Kunden lassen ihre eigenen

Einfälle in die Unternehmensaktivitäten einfließen und kommunizieren somit auch indirekt ihre Wünsche und Bedürfnisse.

4.2. Entwicklung des aktiven Konsumenten

Bevor es den Konsumenten möglich war ihre Ideen und Bedürfnisse aktiv in die Wertschöpfungsprozesse der Unternehmen mit einzubringen, musste sehr viel Zeit vergehen. Lange gab es eine strikte Trennung zwischen den aktiven Produzenten und den passiven Konsumenten. Dabei waren die Rollen klar verteilt - der Produzent produziert und verkauft und der Konsument kauft und verbraucht. Erst durch die Entstehung des Internets in den 1990er Jahren begann die langsame Entwicklung des aktiven Konsumenten. Doch bis dahin hat die Entwicklung des Konsumenten mehrere Entwicklungsstadien durchlaufen. (Kleemann et al., 2008)

Selbstproduzent

In der vorindustriellen, agrarischen Gesellschaft, deren größten Bevölkerungsanteil die Bauern ausmachten, war es laut Rieder und Voß üblich eigene Güter, wie zum Beispiel Nahrungsmittel, selbst herzustellen und zu verbrauchen. (Rieder, Voß, 2005) Die Menschen fungierten somit als Selbstproduzenten und deckten ihren eigenen Bedarf. Konsum und Produktion bildeten eine Einheit und es gab keine klare Trennung zwischen Arbeit und Privatleben.

Der kaufende Konsument

Mit der Industrialisierung und dem Übergang in die moderne kapitalistische Welt gab es große Veränderungen in der Gesellschaft. Die Prozesse Produktion und Konsum brachen auseinander und auch räumlich gab es nun eine Trennung zwischen Arbeit und Privatleben. (Rieder, Voß, 2005) Diese

Veränderung beschreiben Rieder und Voß wie folgt „Man arbeitet nicht mehr dort wo man lebt, und die mit denen man arbeitet, sind nicht die, mit denen man konsumiert, lebt usw." (Rieder, Voß, 2005, S.180)

Die Konsumenten produzierten ihrer Güter nicht mehr selbst, sondern kauften sie von anderen. Es entstand der kaufende Konsument, der bereit war Geld für Waren auszugeben. (Rieder, Voß, 2005) Somit gab es nun eine klare Trennung zwischen den produzierenden Unternehmen und dem kaufenden und konsumierenden Konsumenten.

Aktiver Konsument

Zur heutigen Zeit haben die Unternehmen erkannt, dass Kunden ein hohes produktives Potenzial verfügen, welches bisher noch nicht genutzt wurde. (Rieder, Voß, 2005)

Laut Rieder und Voß werden nun zunehmend Kosten und Tätigkeiten auf die Konsumenten ausgelagert. (Rieder, Voß, 2005) Zum einen um Kosten zu sparen und zum anderen um neue Formen von Wertschöpfung zu erreichen. (Rieder, Voß, 2008) Somit hat sich der passive „kaufende Kunde" zum aktiven „betrieblich zuarbeitenden Kunden" entwickelt, (Rieder, Voß, 2005). Dieser aktiver Konsument unterstützt das Unternehmen mit seiner Arbeitskraft und seinen Ideen und konsumiert auf diese Weise nicht nur, sondern nimmt auch aktiv an der Wertschöpfung teil.

Arbeitender Kunde

Eine mögliche zukünftige Weiterentwicklung des aktiven Konsumenten ist nach Auffassung von Rieder und Voß der „arbeitende Kunde". Dieser wäre nicht nur verpflichtet Tätigkeiten für das Unternehmen zu verrichten, das ihn beschäftigt, sondern auch indirekt für andere Unternehmen, wie zum Beispiel durch Self-Banking oder Ticketbestellung über das Internet. Auf diese Weise würde er mehrfach als Arbeitskraft ausgebeutet werden. Und sollte er sich zum Beispiel weigern die Bahntickets selber im Internet zu kaufen oder sich am Hotelautomaten selbst einzuchecken, wird er vom jeweiligen Unternehmen in Form von höherem Preis oder sogar Verweigerung der Leistung bestrafft. (Rieder, Voß, 2005)

Auf diese Weise hätten die Unternehmen viel mehr Kontrolle über die Arbeitskraft ihrer Kunden, wären jedoch zugleich auch viel abhängiger von deren Anzahl und deren Leistung. (Rieder, Voß, 2005)

4.3. Der Kunde als Wertschöpfungspartner

Die Ideengenerierung durch den Konsumenten hat Auswirkungen sowohl auf den Wertschöpfungsprozess, sowie das Unternehmen, als auch den Konsumenten selbst.

Durch das Öffnen der Unternehmensgrenzen und das Einbeziehen des Konsumenten in die Ideengenerierung, entwickelt sich die bislang hierarchisch organisierte und vom Kunden abgegrenzte Wertschöpfung zu einer „interaktiven Wertschöpfung". (Reichwald, Piller, 2009)

Interaktive Wertschöpfung heißt nach Reichwald und Piller „Kooperation mit sozialem Austausch". Dies bedeutet, dass das Unternehmen zur Bereicherung seiner Wertschöpfung mit den bislang passiven, externen Akteuren, wie zum Beispiel den Kunden, kooperiert. Dabei werden den Kunden vom Unternehmen eine spezielle Infrastruktur und gewisse Ressourcen bereitgestellt. Der Kunde hingegen kann sich als Mitgestalter bei der Produktentwicklung, Ideenlieferant für neue Produkte und Innovationen oder auch als Mitdesigner an der Wertschöpfung beteiligen. Durch die aktive Rolle des Konsumenten entsteht somit aus der zuvor vom Unternehmen dominierten Wertschöpfung eine interaktive Wertschöpfung, bei der der Konsument zum Co-Kreator wird. (Reichwald, Piller, 2009)

Der Kunde ist als Wertschöpfungspartner sehr attraktiv für Unternehmen. Denn durch die Ideenlieferung und die Abgabe von Bewertungen liefert er nicht nur wertvolle Ideen, sondern gibt auch indirekt wichtige Kundeninformationen, wie Wünsche, Bedürfnisse, Präferenzen und Geschmäcker, an. Auf diese Weise kann das Unternehmen die Produkte den Wünschen und Vorstellungen der Kunden besser anpassen und dessen Akzeptanz bei den Kunden und Erfolgschancen auf dem Markt steigern.

Durch Crowdsourcing verändert sich die Rolle des Konsumenten innerhalb des Wertschöpfungsprozesses. Zum einen hat er sich durch seine Ideenlieferungen zum Mitgestalter und Co-Kreator der Wertschöpfung entwickelt, zum anderen ist er jedoch immer noch ein Kunde, der die entstandene Wertschöpfung konsumiert. Der Konsument hat sich somit durch Crowdsourcing zu einem „Prosumenten" weiter entwickelt, der das Produkt sowohl (mit-)produziert als auch konsumiert. Auch er kann durch die Zusammenarbeit mit dem Unternehmen profitieren. Denn der Prosument hat als Wertschöpfungspartner die Möglichkeit seine Wünsche und Vorstellungen dem Unternehmen mitzuteilen und im Vergleich zur internen Ideengenerierung oder Marktforschung seine Ideen aktiv in den Wertschöpfungsprozess einfließen zu lassen. Außerdem kann der Prosument das Unternehmen durch seine Ideen und Verbesserungsvorschläge auf Mängel oder Defizite eines Produktes aufmerksam machen, die vom Unternehmen zuvor nicht als solche wahrgenommen wurden. Auf diese Weise wird nicht nur das Produkt nach den Wünschen des Prosumenten optimiert, sondern das Unternehmen kann mit Hilfe des Prosumenten ein Problem lösen, das ohne ihn unbemerkt blieb.

Die Rolle des Konsumenten kann sich durch Crowdsourcing jedoch noch weiter als die des Prosumenten weiterentwickeln. Durch die Ideenlieferung für ein Produkt oder eine Innovation und die Zusammenarbeit mit den Unternehmen fühlt sich der Prosument mit dem Produkt und dem Unternehmen stark verbunden. Er ist stolz auf den Beitrag, den er zur Entstehung des Produktes geleistet hat und möchte so vielen Menschen wie möglich von dem Produkt berichten. Dies kann sich auf den Bekanntenkreis des Prosumenten beschränken, kann aber auch durch Foren und Social Media an einen größeren Kreis von Internetnutzern kommuniziert werden. In manchen Fällen werden die Ideenlieferanten von Unternehmen sogar als Produktbotschafter oder Gesichter für das Crowdsourcing-Projekt genutzt. Ein Beispiel hierfür ist McDonald´s und die Crowdsourcing-Kampagne „Designe deinen eigenen Burger" (meinburger.mcdonalds.de), in dessen Werbespots und auf dessen Werbeplakaten die Ideenlieferanten als Produktbotschafter zu sehen sind. Somit werden die Kunden durch Crowdsourcing nicht nur zu Prosumenten, sondern auch zu Kommunikatoren des Produktes.

5. Marktforschung: Experteninterviews

5.1. Marktforschung

Um einen tieferen Einblick in das Thema Crowdsourcing zu erhalten und mehr über den Einsatz dieser Art der Ideengenerierung in der Praxis zu erfahren, habe ich mich dazu entschieden Marktforschung zu betreiben. Zu diesem Zweck stehen mir mehrere Arten der Marktforschung zur Verfügung. Diese sind Observierung einer Zielgruppe, Bearbeitung einer Fallstudie, Auswertung von Fragebögen und die Durchführung von Experteninterviews. Einige dieser Methoden eignen sich jedoch nicht für die Fragen, die ich gerne mit der Marktforschung beantwortet hätte. So scheiden für mich die Observierung, die Fallstudie und die Fragebögen als Instrumente der Marktforschung aus. Die Observierung ist in meinem Fall ungeeignet, weil sie vor allem auf die Beobachtung des Verhaltens und der Reaktion einer Zielgruppe gerichtet ist, aber keine Antworten auf meine Fragen bietet. Die Bearbeitung einer Fallstudie ist in meinem Fall ungeeignet, da sie auf nur einen bestimmten Fall bzw. nur eine bestimmte Situation gerichtet ist und mir somit keinen Überblick über den Einsatz oder die Entwicklung von Crowdsourcing in deutschen Unternehmen bieten kann. Die Fragebögen hätten mir möglicherweise einen Überblick verschaffen und mir auch meine Fragen beantworten können, jedoch nur wenn sie von Experten ausgefüllt worden wären. Ich habe mich gegen den Einsatz von Fragebögen entschieden, da nicht klar definierbar ist, wer in den adressierten Unternehmen die Bögen ausfüllt und wie dessen Kenntnisstand zu der Thematik Crowdsourcing ist. Basierend auf den zuvor genannten Ausschlusskriterien ist meine Wahl auf die Durchführung von Experteninterviews gefallen.

5.2. Vorbereitung der Experteninterviews

Ich habe mich für Interviews mit Crowdsourcing-Experten entschieden, weil mir diese Methode die Möglichkeit gibt mit Personen zu sprechen, die durch ihre Arbeit alltäglich mit Crowdsourcing konfrontiert werden und ich somit zahlreiche aktuelle und praxisnahe Erfahrungen und Beispiele erhalten kann. Für die Suche nach Experten habe ich sowohl Unternehmen kontaktiert, die Crowdsourcing-Projekte betreiben bzw. in Auftrag geben, als auch Crowdsourcing-Plattformen, die Crowdsourcing-Projekte auf ihrer Plattform veröffentlichen und ihren Usern die Teilnahme an diesen ermöglichen. Leider hat sich keines der befragten Unternehmen, wie zum Beispiel BMW oder McDonald's, zu einem Interview bereit erklärt. Jedoch sind die Crowdsourcing-Plattformen sehr kooperativ und es haben zwei Expertinnen einem Interview zugestimmt. Bei der ersten Expertin handelt es sich um Frau Köster von 12designer (12designer.de), einer Design-Crowdsourcing-Plattform, die im August 2012 von dem online Grafikdesign-Marktplatz 99designs (99designs.de) übernommen wurde. Die zweite Crowdsourcing-Expertin ist Frau Czentarra von inno-focus businessconsulting, die das Projekt Innovationskraftwerk (innovationskraftwerk.de), eine Crowdsourcing-Plattform für Ideenwettbewerbe, betreut. Beide Expertinnen arbeiten täglich mit Crowdsourcing und kennen sich sehr gut mit diesem Thema aus. Es gibt jedoch große Unterschiede zwischen den beiden Plattformen, für die sie tätig sind, sodass die Auswertung der Marktforschung und der Vergleich der Plattformen sehr interessant zu werden verspricht.

5.3. Experteninterview mit Frau Köster von 12designer

Maria Tag (Interviewerin): Hallo Frau Köster. Zunächst einmal vielen Dank, dass Sie sich Zeit nehmen mir ein paar Fragen zum Thema Crowdsourcing zu beantworten. Können Sie uns bitte kurz etwas zu Ihrer Person und Ihrem Unternehmen erzählen?

Frau Köster: Ich heiße Eva Köster und bin die Marketingverantwortliche für 12designer in Deutschland, Österreich und der Schweiz. 12designer ist eine Internetplattform, auf der Unternehmen Wettbewerbe ausschreiben. Dabei vergeben sie Aufträge für zum Beispiel Logo Design, Flyer Design, Webdesign oder Namensfindung. Auf unserer Plattform haben wir eine „Designer-Crowd", die sich dann um den Auftrag bewirbt. Der Auftraggeber wählt am Ende einen Gewinner aus und kauft dem Designer die Nutzungsrechte an dem Design ab. Wir bringen diese beiden zusammen und sehen uns deshalb als eine Vermittlungsplattform.

Interviewerin: Wie genau verläuft ein übliches Projekt auf Ihrer Plattform?

Frau Köster: Jedes Unternehmen benötigt ein Logo Design. Auf 12designer können sie die Aufgabe der Logo-Gestaltung an die Designer-Community abgeben. Das Unternehmen beschreibt was es sucht, die Zielgruppe, vielleicht schon die Vorstellung zum Design und schreibt einen Preis aus. Das Unternehmen darf den Preis selber bestimmen, zum Beispiel 400 € oder 500 €, mindestens aber 200 € (der Mindestpreis wird gegebenenfalls angepasst). Zusätzlich wird eine Gebühr für die Nutzung des Portals an 12designer entrichtet. Dann geht der Wettbewerb online. Wir überprüfen noch einmal, ob alles passt und geben dann unser OK. Anschließend wird die Designer-Community informiert und derjenige, der eine Idee hat und teilnehmen möchte, gestaltet einen Entwurf und reicht ihn im Wettbewerb ein. Daraufhin gibt der Auftraggeber Feedback. Und auf Basis dieses Feedback machen die Designer dann Korrekturen und Verbesserungen. Nach Ablauf des Wettbewerbs, die Laufzeit legt der Auftraggeber selber fest, kann der Auftraggeber sagen, diesen Entwurf nehme ich und wählt den Designer als Gewinner aus. Die Nutzungsrechte für das Design werden an den Auftraggeber übertragen und anschließend kann er das ausgewählte Design verwenden.

Interviewerin: Welche Unternehmen nutzen Ihr Angebot? Bzw. welche Art von Unternehmen betreiben Ihrer Erfahrung nach am meisten Crowdsourcing?

Frau Köster: Unsere größte Zielgruppe sind die Startups und kleine bis mittelständische Unternehmen. Gerade Startups haben ein sehr limitiertes Budget und Crowdsourcing hat den Vorteil, dass man sein Budget unter anderem mit dem Preisgeld selber festlegen kann. Zudem sind Startups sehr offen für das relativ neue Konzept und auch sehr flexibel. Ein weiterer Grund warum Startups unsere größte Zielgruppe sind ist, dass sie wirklich noch am Anfang stehen. Während der Unternehmensgründung suchen sie oft nach einem Namen, einem Logo und/oder einem Webdesign. Bestehende oder größere Unternehmen haben das in der Regel schon. Sie nutzen uns zwar auch, aber nicht in den großen Maßen wie Startups.

Interviewerin: Welche Arten von Ideen werden am häufigsten von Unternehmen gesucht? Sie haben bereits von Logos gesprochen, gibt es noch weitere Ideen, die man auf Ihrer Plattform suchen kann?

Frau Köster: Namen und Logos werden am häufigsten gesucht. Dann kommen Flyer, Webdesign, PowerPoint Präsentationen, Videos, Slogans aber auch Banner oder Illustrationen. Also eine große Bandbreite.

Interviewerin: Das ist ja schon einiges. Und wie werden die User dazu animiert an diesen Projekten teilzunehmen?

Frau Köster: Da gibt es unterschiedliche Faktoren. Dazu haben wir auch eine Studie in der Community durchgeführt. Ein Vorteil für die User ist, sie brauchen keine Kundenakquise zu machen. Der Kunde und sein Auftrag befinden sich bereits auf unserer Plattform. Sie können einfach nur designen und den Kunden damit überzeugen. Die Zeit und der Aufwand für eine Akquise fallen somit weg. Und der Designer kann sich darauf konzentrieren, den Auftraggeber mit seinem Design zu überzeugen. Zudem werden sie anhand des Preises motiviert. Man denkt zwar je höher der Preis, desto höher die Motivation, aber das ist nicht unbedingt der Fall. Denn die Designer sind sehr stark auf Feedback angewiesen. Ein Designer macht nur weiter, wenn der Kunde mitwirkt. Nach dem ersten oder spätestens zweiten Entwurf muss der Kunde sagen, ob es ihm gefällt oder nicht, denn ein Designer macht ohne Feedback nicht weiter. Zusätzlich werden die Designer natürlich auch anhand von Projektthemen und der Freude am Design zur Teilnahme motiviert. Und wir motivieren teilweise auch durch persönliche Einladungen.

Interviewerin: Also es ist nicht nur das Geld?

Frau Köster: Nein, überhaupt nicht. Das hatten wir zwar erwartet aber bei unserer Umfrage kam heraus, dass Feedback und das Thema die wichtigsten Faktoren für die Motivation sind.

Interviewerin: Sicherlich haben Sie schon viele Crowdsourcing-Projekte auf Ihrer Plattform gelingen und einige vielleicht auch scheitern gesehen? Wie würde Sie die Erfolgsquote von Crowdsourcing einschätzen?

Frau Köster: Also die Erfolgsquote würde bei 100% liegen, wenn der Kunde wüsste, wie er mit einem Crowdsourcing-Projekt richtig umzugehen hat. Denn es kommt auf die Erwartungshaltung an, die der Kunde an den Wettbewerb hat. Es gibt Kunden, die sagen, ich schreibe jetzt, dass ich ein Logo suche und der Designer soll sich überlegen, was er macht. Das kann gut gehen, aber in 50% der Fälle tut es das nicht. Denn ein Designer braucht konkrete Wünsche und Vorstellungen des Kunden. Auf unserer Plattform können wir messen, wie viele Wettbewerbe mit einem Gewinner beendet werden und die Erfolgsquote von Crowdsourcing liegt bei uns bei etwa 70%. Aber sie könnte bei 100% liegen, wenn die Auftraggeber ihre Erwartungen an ein Crowdsourcing-Projekt anpassen würden. Manche können es bereits sehr gut, aber manche haben an Crowdsourcing die gleichen Erwartungen wie an eine Agentur oder Freelancer.

Interviewerin: Was würden Sie den Unternehmen raten bei Crowdsourcing-Projekten zu beachten? Bzw. was sollten sie besser machen?

Frau Köster: Man sollte beachten, dass es keine Zauberbox ist. Es gibt Kunden, die sagen „Ach ich stell das jetzt ein und nach einer Woche gucke ich rein und habe das, was ich suche.". Aber so funktioniert das nicht. Es ist ein Projekt, das man den ganzen Tag betreuen könnte, wenn man die Zeit hätte. Es ist zeitintensiv. Man spart am Preis, aber nicht unbedingt an der Zeit. Die Suche nach einem passenden Design dauert vielleicht nur eine Woche, anstatt wie üblich Wochen oder Monaten, aber in dieser einen Woche muss man sich Zeit für dieses Projekt nehmen.

Interviewerin: Wo sehen Sie die Vorteile von Crowdsourcing gegenüber anderen Arten von Ideengenerierung?

Frau Köster: Bei uns erhält der Kunde durchschnittlich 30 Designvorschläge von verschiedenen Designern. Das findet man in keiner Agentur, dort gibt es höchstens 8 Vorschläge und der Kunde wird überredet einen davon zu nehmen, bei uns nicht. Die Vielfalt an Entwürfen und Ideen, die durch Crowdsourcing zusammenkommt ist einfach unglaublich. Und so schnell wie man bei uns Vorschläge bekommt, erhält man bei keinem Freelancer und bei keiner Agentur. Die Vielfalt an Entwürfen und die Schnelligkeit, das sind meiner Meinung nach die beiden wichtigsten Vorteile von Crowdsourcing.

Interviewerin: Sehen Sie auch Nachteile bei Crowdsourcing?

Frau Köster: Ja, zum einen der zeitintensivere Aufwand, der auf einen zukommt. Den hat man bei einer Agentur in dieser Form nicht. Man sollte auch wissen, was man möchte und es den Designern richtig kommunizieren. Und wenn man nicht genau weiß, was man möchte, sollte man für alles offen sein, auch für neue Ansätze. Ein weiterer Nachteil ist, dass man nicht genau sagen kann, wann man das hat, was einem gefällt. Bei einer Agentur kriegt man ein Versprechen, dass man zum Beispiel ein Logo zu einem bestimmten Termin erhält. Aber bei Crowdsourcing kann man nicht genau sagen, ob die Designer sich für den Wettbewerb interessieren werden, besonders wenn das Preisgeld vielleicht nur 200 € beträgt und kein interessantes Thema geboten wird bzw. es nicht interessant darstellt wird. Die Designer müssen auch motiviert werden, sonst haben sie vielleicht keine Lust.

Interviewerin: Was glauben Sie sind die Vor- und Nachteile einer externen Crowdsourcing-Plattform wie 12designer im Vergleich zum Veröffentlichen des Crowdsourcing-Projekts auf der eigenen Unternehmensseite?

Frau Köster: Auf einer Plattform, wie wir sie haben, existiert schon eine Community. Bei uns sind über 26.000 Designer registriert. Und wenn man den Wettbewerb nur auf seiner eigenen Seite veröffentlicht, dann sind es nur die Kunden, die man erreichen kann. Wenn man es selber macht, kann es höchstens um Produktinnovationen oder etwas ähnliches gehen, also irgendetwas, wozu der Kunde einen Beitrag leisten kann. Aber der normale Kunde kann zum Beispiel kein Grafikdesign. Wir jedoch haben die Designer und die sind gut. Man kann höchstens eine Kombination aus beiden machen, zum Beispiel die Community auf 12designer für ein neues Logo nutzten und dann seine eigene Zielgruppe abstimmen lassen wie „Hey das sind unsere 10 besten Logos, welches gefällt euch?" und da kann man seine Kunden miteinbeziehen.

Interviewerin: Wie stehen Sie zu der Behauptung, dass durch Crowdsourcing Kunden als günstige Arbeitskräfte missbraucht werden?

Frau Köster: Nein, das sehe ich nicht so. Die Designer, die bei uns registriert sind, die leben nicht komplett von Crowdsourcing und müssen nicht 100 Projekte am Tag machen, um sich den Unterhalt zu verdienen. In der Regel ist es so, dass sie es nebenberuflich machen oder auf mehreren Crowdsourcing-Plattformen registriert sind. Vor allem Designer, die gerade am Anfang ihrer Karriere stehen, sind bei Crowdsourcing am besten aufgehoben, weil sie dadurch einen Kundenstamm generieren können. Denn die meisten Kunden arbeiten mit dem Designer, nachdem er den Wettbewerb gewonnen hat, auch weiter.

Interviewerin: Dennoch wird Crowdsourcing bisher in nur wenigen deutschen Unternehmen angewandt. Was glauben Sie sind die Gründe dafür?

Frau Köster: Die Gründe dafür sind vor allem Ungewissheit und Aufklärungsdefizit. Der Kunde hat Zweifel, weil es virtuell abläuft. Er fragen sich, welcher Designer macht es, wo sitzt er, hab ich dann die vollen Rechte? Das ist der Grund warum vor allem größere Unternehmen zögern. Und weil sie zudem die Betreuung einer Agentur brauchen. Aber natürlich auch die fehlende Aufklärung, dass es Crowdsourcing überhaupt gibt und was es genau ist.

Interviewerin: Glauben Sie, dass Crowdsourcing in Deutschland dennoch zunehmen wird?

Frau Köster: Ja auf jeden Fall. Die Zahlen sprechen dafür. Und Unternehmen gehen mit dem Wandel und nutzten gerne neue Lösungen.

Interviewerin: Das war's nun auch. Vielen Dank noch mal, dass Sie sich Zeit genommen haben. Ich fand es sehr interessant und hoffe es hat Ihnen auch Spaß gemacht.

Frau Köster: Danke.

5.4. Experteninterview mit Frau Czentarra von inno-focus businessconsulting

Maria Tag (Interviewerin): Hallo Frau Czentarra. Vielen Dank, dass Sie sich bereit erklärt haben, mir für ein paar Fragen zum Thema Crowdsourcing und Ihrer Plattform zur Verfügung zu stehen. Können Sie sich bitte zunächst kurz vorstellen?

Frau Czentarra: Mein Name ist Coleta Czentarra. Ich bin Community Managerin, angestellt bei inno-focus businessconsulting. Das ist ein Beratungsunternehmen spezialisiert auf Innovationsmanagement. Wir betreiben mit der Initiative „Deutschland Land der Ideen" das Innovationskraftwerk. Und dafür bin hauptsächlich tätig.

Interviewerin: Welche Dienste bieten Sie in Bezug auf Crowdsourcing für Unternehmen an?

Frau Czentarra: Das sind in erster Linie die Ideenwettbewerbe im Innovationskraftwerk. Von Beratung, Planung, Ablauf und Nachbereitung des Ideenwettbewerbs. Dadurch, dass wir eine Unternehmensberatung sind, können noch diverse andere Leistungen in Anspruch genommen werden.

Interviewerin: Wie genau verläuft ein übliches Projekt auf Ihrer Plattform?

Frau Czentarra: Erst kommt die Vorbereitung. Es wird zusammen mit dem Unternehmen festgelegt wie soll die Fragestellung aussehen, was möchte das Unternehmen mit dem Ideenwettbewerb erreichen? Dann wird der Ideenwettbewerb geplant, es muss natürlich der ganze Content, wie Informationen, Bilder, Jury, Bewertungskriterien etc. abgestimmt werden.

Bevor der Ideenwettbewerb beginnt, starten wir eine Ankündigungsseite, die bereits erste Informationen zum Wettbewerb und eine Anmeldung für Interessierte bietet. Mit dem Start des Wettbewerbs schicken wir noch mal einen Newsletter an die registrierten Nutzer als Erinnerung. Dann startet der Wettbewerb in der Regel mit einer Laufzeit von 6 bis 8 Wochen. Nach dem Ideenwettbewerb kommt die Auswertung, Bewertung, Prämienausschüttung und Preisverleihung.

Interviewerin: Welche Art von Unternehmen nutzen Ihr Angebot?

Frau Czentarra: Es ist relativ offen, es kann jedes Unternehmen teilnehmen. Bayer MaterialScience haben schon zweimal teilgenommen, EVONIK, Hermes. Am Anfang war auch Wella dabei. Und das erste Projekt lief mit dem Glashersteller Schott.

Interviewerin: Also sind auch sehr große Unternehmen dabei?

Frau Czentarra: Ja genau.

Interviewerin: Welche Art von Ideen suchen die Unternehmen auf Ihrer Plattform?

Frau Czentarra: Das ist sehr unterschiedlich. Es kommt darauf an, was die Unternehmen erreichen wollen oder in welcher Branche sie tätig sind. Es sind unter anderem Produktideen oder Produktverbesserungen. Es ist sehr vielfältig.

Interviewerin: Kann man auf Ihrer Plattform auch nach Innovationen suchen?

Frau Czentarra: Ja natürlich. Es gibt viele Ideen, die die Leute irgendwo aufgegriffen haben oder umgewandelt haben. Aber es gibt auch Ideen, die ganz einzigartig oder neuartig sind. Der Innovationsgrad kommt auf die Fragestellung, die Branche des Unternehmens und auf die Ideengeber an.

Interviewerin: Und auf welche Weise werden die User Ihrer Plattform zur Teilnahme an den Projekten motiviert?

Frau Czentarra: Es sind natürlich die Geldprämien, die ausgeschüttet werden. Außerdem Sachprämien, wie zum Beispiel Fußballtickets oder ein I-Pad. Was auch noch wichtig ist sind die Events, also eine Preisverleihung, zu der der Gewinner eingeladen wird. Dies kann in einem sehr festlichen Rahmen stattfinden, was für den Gewinner natürlich sehr einprägsam ist.

Interviewerin: Kann es immer nur einen Gewinner für ein Projekt geben?

Frau Czentarra: Nein. Es wird vom Unternehmen selbst bestimmt wie viele Gewinner ausgeschrieben werden. Manche haben Platz 1 bis 3 ausgeschrieben, teilweise auch bis Platz 6. oder 7. Und dann gibt es auch teilweise die Community Gewinner. Die Community votet hier selbst, wodurch unabhängig zur Bewertung der Jury gewonnen werden kann.

Interviewerin: Wie würde Sie die Erfolgsquote von Crowdsourcing einschätzen?

Frau Czentarra: Ich kann zwar keine Prozentzahl sagen aber generell kann so ein Projekt sehr erfolgreich sein. Denn ein Crowdsourcing-Projekt hat sehr viele positive Nebeneffekte. Es geht ja nicht nur darum, dass ein

Unternehmen Ideen bekommt. Es geht auch um die Vermarktung von Produkten und Dienstleitungen. Der Bekanntheitsgrad wird gesteigert, das Unternehmen wird als innovativ erkannt. Die Unternehmen lernen viel und es können neue Mitarbeiter gefunden werden. Wir hatten schon den Fall, dass ein Gewinner eingestellt wurde, um seine Idee im Unternehmen weiterzuführen. Es sind also sehr viele positive Nebeneffekte, die auftreten können, sodass ich mir nicht wirklich vorstellen kann, dass ein Projekt völlig erfolglos ist.

Interviewerin: Sind die Unternehmen auf Ihrer Plattform zufrieden mit Crowdsourcing? Wird immer ein Gewinner gekürt?

Frau Czentarra: Es wurde bisher immer ein Gewinner gekürt und die Unternehmen waren auch immer sehr zufrieden, unter anderem durch die positiven Nebeneffekte, die entstehen.

Interviewerin: Sie haben schon einige Vorteile von Crowdsourcing genannt, wie zum Bespiel der steigende Bekanntheitsgrad, fallen Ihnen vielleicht noch weitere Vorteile gegenüber anderen Arten der Ideengenerierung ein?

Frau Czentarra: Ja, es ist sehr offen. Es kann jeder teilnehmen und man erreicht Leute, an die man normalerweise nicht rankommen würde, die man üblicherweise nicht anspricht. Wie zum Bespiel beim Ideenwettbewerb der SGL Group, ein Unternehmen das der „Durchschnittsmensch" vielleicht nicht kennt, aber das durch den Wettbewerb viele Menschen erreicht und auch ihr Produkt bekannt gemacht hat.

Interviewerin: Und glauben Sie, dass man durch Crowdsourcing und Open Innovation mehr und vielleicht auch bessere Ideen finden kann als vielleicht nur innerhalb des eigenen Unternehmens?

Frau Czentarra: Ja, sicher. Weil der Blick geweitet wird. Das kennt jeder im Unternehmen, man wird einfach irgendwann betriebsblind oder man kennt sich einfach viel zu gut mit dem Thema aus. Deshalb ist es manchmal ganz gut, wenn man Ideen von Personen bekommt, die nicht im Unternehmen tätig sind oder nicht so fachlich ausgebildet sind. Es erweitert einfach den Horizont.

Interviewerin: Sehen Sie vielleicht auch Nachteile bei Crowdsourcing?

Frau Czentarra: Generell Nachteile eigentlich nicht. Es muss gut geplant sein. Man muss von Anfang an überlegen was will man erreichen, wen will man erreichen und wie. Dann schafft man es auch, aber es gehört einfach viel Planung dazu. Eine weitere Herausforderung ist es auch die eigenen Mitarbeiter mit einzubeziehen.

Interviewerin: Warum halten Sie das für wichtig?

Frau Czentarra: Naja es gibt das bekannte Not-invented-here-Syndrom. Es ist einfach wichtig, dass die Mitarbeiter im Unternehmen sich nicht zurückgesetzt fühlen und dann denken "Na toll, mein Unternehmen wendet sich jetzt lieber an wildfremde Menschen, die es nicht beschäftigt und ich muss die Idee auch noch umsetzen". Deswegen ist es auch wichtig, dass man die Mitarbeiter an Bord holt.

Interviewerin: Bisher wird Crowdsourcing in nur wenigen deutschen Unternehmen eingesetzt. Was glauben Sie sind die Gründe dafür? Und glauben Sie, dass Crowdsourcing in Deutschland dennoch zunehmen wird?

Frau Czentarra: Ja, davon sollten wir ausgehen, sonst hätten wir als Innovationskraftwerk ein Problem (lachen). Deutschland hängt da auch ein bisschen hinterher. In Amerika sind sie was das angeht schon weiter. Bei uns ist man noch etwas skeptisch. Aber man probiert Crowdsourcing mittlerweile als Instrument aus, Crowdsourcing-Projekte nehmen zu. Und ich denke es wir in Zukunft auch mehr integriert.

Interviewerin: Warum glauben Sie zögern noch manche Unternehmen bzw. wovor haben sie Angst?

Frau Czentarra: Da spielen einige Sachen eine Rolle. Es sind vor allem Negativbeispiele wie Pril mit ihrem gescheiterten Crowdsourcing-Projekt, die Unternehmen Angst machen. Man geht mit dem Projekt an die Öffentlichkeit. Und weil das Projekt scheitern könnte, haben sie Angst vor der Reaktion und um ihr Image. Aber ich denke so langsam wird es.

Interviewerin: Das war nun auch die letzte Frage. Vielen Dank für das interessante Interview.

Frau Czentarra: Ja gerne.

6. Auswertung der Experteninterviews

6.1. Einleitung zur Auswertung der Interviews

Zum Abschluss meiner Marktforschung habe ich die durchgeführten Experteninterviews analysiert, ausgewertet, verglichen und die Ergebnisse der Interviews dem theoretischen Teil der Arbeit gegenübergestellt. Aus meiner Marktforschung zum Thema Crowdsourcing konnten folgende Resultate gewonnen werden:

6.2. Crowdsourcing-Projekt Durchführung

6.2.1. Projekt Vorbereitung

Damit ein Crowdsourcing-Projekt erfolgreich verläuft, müssen einige Faktoren beachtet werden. Frau Czentarra, Community Managerin des Innovationskraftwerks, betonte, dass vor allem eine gute Vorbereitung für den Erfolg eines Projektes ausschlaggebend sei. (Czentarra, 2013) Diese Feststellung wurde bereits von Viitamäki im Jahr 2008 (siehe Kapitel 2.3.1) identifiziert. Er ist überzeugt, dass die Elemente: Focus, Language, Incentives, Rules und Tools für ein erfolgreiches Crowdsourcing-Projekt beachtet werden müssen. (Viitamäki, 2008) Überträgt man diese Elemente auf die vorbereitende Phase eines Crowdsourcing-Projektes, so bedeutet dies, dass ein Unternehmen auf folgende Faktoren achten muss:

1) Ein Unternehmen muss als ersten Schritt seine Ziele, seine Zielgruppe und seine Ressource, wie Zeit, Geld und Arbeitskräfte, festlegen. Folgende Fragen müssen also vor Beginn des Projektes beantwortet werden: Was wird gesucht? Wer soll die Ideen liefern? Und wie viele Ressourcen, wie Zeit, Geld und Personal, stehen für das Projekt zur

Verfügung? Erst wenn dies geschehen ist, kann mit der Suche nach der richtigen Plattform, mit der richtigen Ideengeber-Zielgruppe, gesucht werden.

Die Wahl der richtigen Plattform und Zielgruppe ist äußerst wichtig, denn sie haben großen Einfluss auf die Ideen, die dem Unternehmen geliefert werden. Ist ein Startup-Unternehmen auf der Suche nach Design-Vorschlägen für ein Logo, sollte es seinen Wettbewerb auf einer Design-Crowdsourcing-Plattform veröffentlichen, anstatt den Aufruf auf der eigenen Unternehmensseite zu platzieren. Dies hat zum einen den Grund, dass der Kundenstamm eines jungen Unternehmens noch nicht besonders groß ist und zum anderen, dass die Anzahl der Designer, die ein solches Logo erstellen könnten, auf einer Design-Crowdsourcing-Plattform viel höher ist. Für ein etabliertes Unternehmen mit einem großen Kundenstamm, das zum Beispiel auf der Suche nach Produktverbesserungen ist, würde sich das Veröffentlichen des Ideenwettbewerbes auf der eigenen Social Media- und Unternehmensseite empfehlen. Denn die Kunden nutzen das Produkt und kennen dessen Stärken und Schwächen.

2) Eine gute Kommunikation ist ebenfalls unerlässlich für den Erfolg eines Crowdsourcing-Projektes. Um gute und passende Ideen zu erhalten reicht es laut Frau Köster von 12designer nicht aus den potenziellen Ideengebern zu sagen, dass man nach einem Logo oder einem Produktnamen suche. Die Ideengeber benötigen Hintergrundinformationen zum Unternehmen, Detailinformationen zum Produkt und Auskunft darüber, welche Erwartungen und Ziele mit der Ausschreibung verbunden sind. (Köster, 2013) Je mehr Informationen die Ideengeber erhalten, desto höher ist auch die Wahrscheinlichkeit den Erwartungen entsprechende

Vorschläge geliefert zu bekommen. Nach Viitamäki muss ein Projekt authentisch, interessant, anziehend und gut verständlich kommuniziert werden. (Viitamäki, 2008) Eine ausführliche Beschreibung wirkt dabei anziehend auf die Ideenentwickler, sodass möglichst viele Vorschläge geliefert werden.

3) Eine richtige Platzierung und eine genaue Beschreibung des Projektes reichen jedoch meistens nicht aus, um die richtige Zielgruppe zur Teilnahme zu motivieren, denn die Ideengeber müssen das Gefühl haben einen Gegenwert für die Ideenlieferung zu erhalten. Das Unternehmen muss einen Anreiz bieten, der potenzielle Ideengeber zur Teilnahme anregt. Dieser Anreiz kann von monetärem oder sachlichem Gegenwert sein, jedoch lassen sich Ideengeber auch durch kreative Herausforderungen oder Spaß locken.

4) Damit ein Crowdsourcing-Projekt, wie zum Beispiel ein Ideenwettbewerb, möglichst problemlos verläuft, müssen von Anfang an klare Regeln aufgestellt werden und den Teilnehmern kommuniziert werden. (Viitamäki, 2008) Das Unternehmen muss, der Auffassung von Frau Czentarra nach, noch vor dem Beginn eines Wettbewerbes einige Faktoren, wie die Dauer, Anzahl der Gewinner, die Siegerprämie und Bedingungen der Teilnahme festlegen. (Czentarra, 2013) Außerdem muss die Übertragung der Ideenrechte vorab geklärt werden, sodass es zu keinen rechtlichen Differenzen oder Ansprüchen durch den Ideenentwickler nach dem Wettbewerb kommen kann. Eine rechtliche Auseinandersetzung bedeutet nicht nur eine Verzögerung der Ideenumsetzung, sondern kann auch schwere Imageschäden für das Unternehmen und die Crowdsourcing-Plattform mit sich bringen.

5) Der letzte Faktor, der bei der Vorbereitung eines Crowdsourcing-Projektes gegeben sein muss, ist nach Viitamäki die Bereitstellung von Tools und Werkzeugen. (Viitamäki, 2008) Ein Unternehmen, das zum Beispiel nach Design-Vorschlägen sucht, muss den Teilnehmern entweder die Werkzeuge, mit denen sie die Ideen kreieren sollen, oder zumindest die technischen Möglichkeiten bieten, ihre Vorschläge an das Unternehmen weiter zu leiten.

6.2.2.Projekt Verlauf

Wenn die Vorbereitungen für das Crowdsourcing-Projekt abgeschlossen sind, kann der Ideenwettbewerb offiziell beginnen. Dabei ist es wichtig, dass so viele potenzielle Ideenlieferanten wie möglich über den Wettbewerb informiert werden. Findet der Ideenwettbewerb auf einer Crowdsourcing-Plattform, wie zum Beispiel 12designer oder Innovationskraftwerk, statt, so werden deren Mitglieder zu Beginn des Wettbewerbs per E-Mail über das Projekt benachrichtigt. Findet der Wettbewerb jedoch auf der eigenen Unternehmensseite statt, so muss das Unternehmen selber dafür sorgen, dass möglichst viele Ideengeber von dem Projekt erfahren. Dies kann zum Beispiel durch Werbung im Fernsehen, auf der Unternehmensseite oder durch die Benachrichtigung der Online Community auf den Social Media Plattformen wie Facebook geschehen.

Sobald der Ideenwettbewerb begonnen hat, muss das Unternehmen Mitarbeiter einsetzen, die das Projekt mit voller Aufmerksamkeit betreuen. Kommt es zu Fragen durch die Teilnehmer, müssen diese so schnell wie möglich beantwortet werden. Ist die Zeitspanne bis zum Feedback zu groß, kann es dazu kommen, dass die Teilnehmer sich durch das Unternehmen nicht ernst genommen oder mit ihren Problemen allein gelassen fühlen und das Interesse an dem Projekt verlieren. Ein regelmäßiges Feedback an die Ideengeber ist somit ein ausschlaggebendes Kriterium für den erfolgreichen Verlauf des Projektes, dies gilt vor allem im Design-Bereich. Frau Köster geht sogar so weit und sagt, dass ein Designer ohne Feedback nicht weiter macht. (Köster, 2013). Der Designer möchte nicht Zeit und Arbeit in die Ausarbeitung eines Designs investieren, ohne zu wissen, ob sein Entwurf den Vorstellungen des Unternehmens entspricht und benötigt zu diesem Zweck das Feedback des Auftraggebers.

6.2.3. Projekt Abschluss

Nach Ablauf der Wettbewerbsfrist werden die eingegangen Ideen bewertet und ein oder mehrere Sieger ausgewählt. Die Bewertung und Abstimmung über die besten Ideen kann entweder durch eine vom Unternehmen gestellte Jury oder durch eine Abstimmung durch die Crowd, zu der auch die Kunden gehören, erfolgen. Der Vorteil die eigenen Kunden mit abstimmen zu lassen, liegt zum einen daran, dass die Kunden sich durch ihre Stimmenabgabe noch mehr in den Entwicklungsprozess und die Umsetzung der neuen Idee miteinbezogen fühlen und zum anderen, weil sie durch ihre Abstimmung dem Unternehmen mitteilen, welcher der Vorschläge am meisten ihrem Geschmack entspricht. Dieser Faktor kann den Erfolg des Produktes maßgeblich steigern. Jedoch kann eine Abstimmung durch die Crowd, und somit auch durch die Kunden, auch seine Nachteile haben. Wenn ein Unternehmen bei der Auswahl der Idee der Crowd die völlige Freiheit lässt, ist es möglich, dass die Crowd ihre Stimmen an „Scherzideen" vergibt, die nicht den Wünschen und Zielen des Unternehmens entsprechen. Eine Alternative, um die Vorteile der beiden Abstimmungsarten zu kombinieren, wäre eine Mischung aus den beiden Methoden. Eine Fachjury könnte die Auswahl der Ideen auf die zehn besten Vorschläge beschränken, die unbrauchbaren oder scherzhaft gemeinten Ideen ausfiltern und anschließend die Kunden über ihren Favoriten abstimmen lassen. Alternativ kann die Reihenfolge dieser Methoden vertauscht werden, sodass die Fachjury die beste(n) Idee(n) aus den zehn Favoriten der Crowd zum Sieger kürt. Mit beiden Methoden würden die Kunden in den Auswahlprozess miteinbezogen werden und die Unternehmen bräuchten sich keine Sorgen zu machen, dass eine unseriöse Idee sich durchsetzt.

Nachdem der Gewinner ermittelt wurde, muss beachtet werden, dass alle Versprechen, die vom Unternehmen gemacht wurden, wie eine Geldprämie, besondere Veranstaltungen oder sogar eine Werbekampagne mit dem Sieger, eingehalten werden. Sollte dies nicht geschehen, kann es große Schäden für das Image und die Glaubwürdigkeit des Unternehmens bedeuten. Der richtige Umgang mit den Verlierern des Wettbewerbes ist ebenfalls von hoher Bedeutung, denn sie sollen nicht das Gefühl haben ihre Zeit mit dem Projekt vergeudet zu haben oder unbeachtet geblieben zu sein. Das Unternehmen sollte zumindest allen Ideengebern für die Teilnahme und ihre Vorschläge danken oder vielleicht sogar ein kleines Dankeschön-Präsent verschenken. Auf diese Weise behalten auch die Verlierer des Wettbewerbes das Projekt und das Unternehmen in möglichst positiver Erinnerung, konsumieren dann möglicherweise das aus dem Wettbewerb resultierende Produkt und nehmen beim nächsten Wettbewerb des Unternehmens erneut teil.

6.3. Motivierung der Ideengeber

Für ein erfolgreiches Crowdsourcing-Projekt ist es äußerst wichtig die potenziellen Ideengeber zur Teilnahmen zu motivieren. Je mehr potenzielle Ideengeber zur Teilnahme motiviert werden, desto mehr Vorschläge erhält das Unternehmen und die Wahrscheinlichkeit einer guten Idee steigt. Wodurch werden jedoch die Ideenlieferanten zur Teilnahmen an den Projekten motiviert? Und können die Unternehmen die Motivation der Teilnehmer beeinflussen? Um diese Fragen beantworten zu können, hat 12designer eine Befragung ihrer Community zum Thema „Was motiviert Dich an einem Design Projekt teilzunehmen?" durchgeführt, wodurch sich folgende Ergebnisse ergaben:

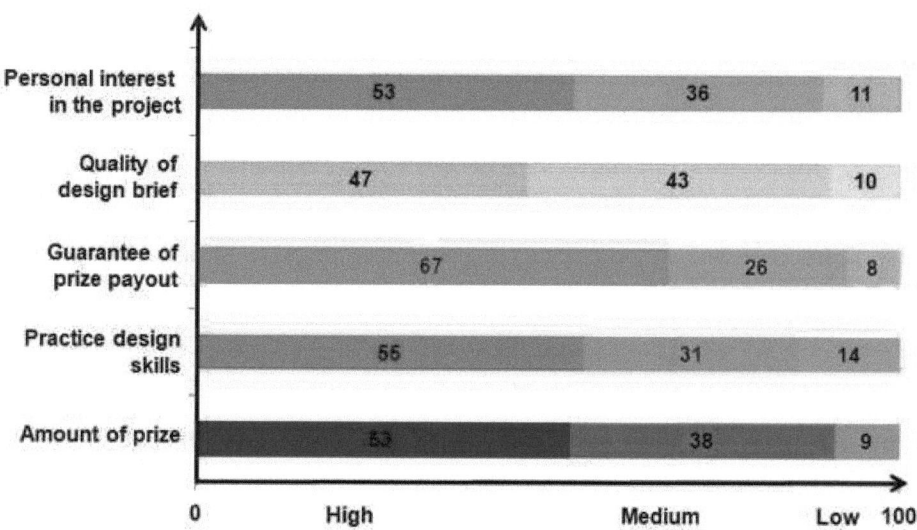

Abbildung 5: Befragung durch 12designer „Was motiviert Dich an einem Design Projekt teilzunehmen?"

Anhand der Abbildung können die verschiedenen Motivationsfaktoren und ihre Wichtigkeit für die Teilnehmer abgeleitet werden. So lässt sich durch die Studie erkennen, dass für 53% der Befragten persönliches Interesse an dem Thema sehr wichtig sei. Dies kann das Unternehmen durch die richtige Auswahl der Crowdsourcing-Plattform beeinflussen. Denn ein Projekt zur „technischen Optimierung von einem Kraftwerkzeug", wird zum Beispiel auf einer Plattform mit Ingenieuren und Technikern besser platziert sein, als auf einer Design-Plattform, deren Mitglieder mehr an Design als an Technik interessiert sind.

Der zweite Faktor, der die Motivation der Teilnehmer beeinflusst, ist die Qualität der Projektausschreibung. Auch hier kann das Unternehmen mit einer interessanten, attraktiven und vor allem verständlichen Projektbeschreibung viele potenzielle Ideengeber zur Teilnahme motivieren. 67% der Befragten gaben zudem an, dass eine Garantie der Preisgeldauszahlung für sie sehr wichtig sei, ein Faktor der ganz im Einfluss des Unternehmens steht und für eine große Anzahl der Teilnehmer sehr motivierend ist. Das Ausüben und Trainieren ihrer Design-Fähigkeiten bezeichnen 55% der 12designer Mitglieder als sehr wichtig, denn eine der wichtigsten Motivationen zur Teilnahme an Crowdsourcing-Projekten ist die Freude bei der Ideenentwicklung. Ob es sich dabei um das Designen einer Verpackung, Entwicklung einer chemischen Formel oder Erfindung eines neuen Produktes handelt, das Wichtigste bei der Ideengenerierung und dem Ausüben ihrer Fertigkeiten ist der Spaß, den die Ideengeber dabei empfindet. Denn ohne den Spaß an der Teilnahme würde Crowdsourcing nicht bestehen können.

Als letzten Motivationsfaktor wurde über die Höhe des Preisgeldes abgestimmt. Zwar ist der Umfrage nach nur für 53% der Teilnehmer die Höhe des Preisgeldes sehr wichtig, jedoch ist das Setzen eines Preises bzw. einer Prämie eins der wichtigsten Motivationswerkzeuge, die dem Unternehmen zur Verfügung stehen. Durch das Setzen einer Prämie erhalten die potenziellen Teilnehmer das Gefühl, dass sie mit wenig Aufwand viel Geld verdienen zu können und lassen sich somit zur Teilnahme verlocken.

Ein weiteres wichtiges Werkzeug der Teilnehmermotivation ist laut der Expertin Frau Köster von 12designer das Feedback. Ob nun die Vergabe von Sternchen, Punkten oder ein direktes Kommentar, ein Feedback ist äußerst wichtig und wirkt motivierend für die Ideenentwickler. (Köster, 2013) Denn durch eine Reaktion des Unternehmens fühlen sich die Teilnehmen von dem Unternehmen wahr- und ernst genommen. Sie genießen die Aufmerksamkeit durch ein großes Unternehmen und sind motiviert ihre Entwürfe noch weiter auszubauen und sie den Vorstellungen des Unternehmens besser anzupassen. Zwar gewinnt ein Unternehmen nicht mehr Ideen durch die Vergabe von Feedback, allerdings besser angepasste und optimierte Ideen.

6.4. Crowdsourcing Vorteile für Unternehmen

Crowdsourcing kann sehr vorteilhaft für ein Unternehmen sein. Einer der wichtigsten Vorteile ist laut den Expertinnen die hohe Anzahl an Ideen, die dem Unternehmen durch die Crowd gelieferten werden. (Köster 2013, Czentarra 2013) Mit keiner anderen Art der Ideengenerierung wäre ein Unternehmen in der Lage in einer so kurzen Zeit eine solche hohe Summe an Ideen zu generieren, wie durch Crowdsourcing. An einigen Projekten nehmen hunderte oder sogar tausende Teilnehmer teil, die mit Hilfe des Internets ihre Ideen in Sekundenschnelle dem Unternehmen zukommen lassen. Es ist nicht nur die Vielzahl, sondern auch die Vielfalt der Ideen, die Crowdsourcing für Unternehmen so interessant macht. Denn die Ideenlieferanten sind nicht die eigenen Mitarbeiter, deren Ideengenerierung, der Meinung von Frau Czentarra nach, oft durch Betriebsblindheit beschränkt ist (Czentarra, 2013), sondern Menschen aus verschiedenen Berufszweigen, Positionen und Orten. So können wertvolle Ideen durch einen Ingenieur aus Indien oder einer Hausfrau aus Island geliefert werden, an die das Unternehmen ohne Crowdsourcing niemals gelangt wäre.

Laut Frau Köster ist Crowdsourcing zudem eine sehr günstige und zeitsparende Methode zur Ideenentwicklung. (Köster, 2013) Mit Crowdsourcing als Ideengenerator kann ein Unternehmen in wenigen Tagen oder Wochen eine große Anzahl von Anregungen erhalten und das für ein, verglichen mit der Bezahlung einer externen Agentur, sehr günstiges Preisgeld. Wie preiswert und zeitsparend die Ideengenerierung durch Crowdsourcing ist, zeigt sich vor allem bei der Suche nach Innovationen. Innovationen sind von äußerster Wichtigkeit für Unternehmen, denn durch sie erhalten sie Vorteile gegenüber ihrer Konkurrenz und bleiben wettbewerbsfähig. Doch die Suche nach Innovationen kann Unternehmen Jahre der Forschung und Investitionen in Höhen von Millionen von Euro bedeuten und das sogar manchmal ohne Erfolg. Doch durch Crowdsourcing und Open Innovation können, bei richtiger Vorbereitung und Durchführung des Projektes, in wenigen Wochen Ideen für Innovationen geliefert werden, dessen Kosten im Vergleich zu den Investitionen in Forschung und Entwicklung gerade zu minimal erscheinen. Und die Mitarbeiter, die zur Ideengenerierung und Forschung eingesetzt werden würden, können nun vom Unternehmen für andere Projekte eingesetzt werden.

Durch den Einbezug des Kunden in den Prozess der Ideengenerierung entstehen für die Unternehmen noch weitere Vorteile. Durch das Liefern ihrer Vorschläge und die Abstimmung über ihre Favoriten teilen die Kunden ihre Wünsche, Vorlieben und Geschmäcker dem Unternehmen mit. Auf diese Weise erhält das Unternehmen wertvolle Kundeninformationen, die es zur Entwicklung neuer oder der Optimierung alter Produkte verwenden kann und somit die Kosten für eine zeitaufwendige und teure Marktforschung spart. Außerdem wird durch den Einbezug des Kunden in der Prozess der Ideenentwicklung nach Michelis und Schildhauer nicht mehr an dem Kunden

„vorbei produziert", sondern die entstandenen Produkte entsprechen den Vorstellungen der Konsumenten, wodurch die Wahrscheinlichkeit für den Erfolg der umgesetzten Idee steigt. (Michelis, Schildhauer, 2010) Durch die Teilnahme an einem Crowdsourcing-Projekt entsteht zudem eine emotionale Bindung zwischen den Teilnehmern und dem aus dem Wettbewerb resultierendem Produkt. Die Ideengeber fühlen sich dem Produkt verbunden und haben das Gefühl es mit erschaffen zu haben, wodurch sie es anderen Produkten möglicherweise vorziehen und somit seinen Erfolg erhöhen. Auf diese Weise kann die Bindung zu bestehenden Kunden des Unternehmens befestigt und zusätzlich neue Kunden gewonnen werden.

Weitere Vorteile bzw. „positive Nebeneffekte" des Crowdsourcing, wie sie von Frau Czentarra bezeichnet werden, sind die Verbesserung des Firmenimages und die Steigerung des Bekanntheitsgrades. (Czentarra, 2013) Die Durchführung von Crowdsourcing-Projekten lässt, ihrer Auffassung nach, das Unternehmen als offen und innovativ erscheinen, was ein positives Licht auf das Unternehmensimage wirft. Außerdem werden Menschen durch Crowdsourcing-Projekte auf Unternehmen aufmerksam, die es unter Umständen vor dem Projekt noch nicht kannten. (Czentarra, 2013) Somit kann ein Unternehmen mit einem gut vorbereiteten, interessanten und gut positionierten Projekt sein Image verbessern und für sich und seine Produkte und Dienstleistungen Werbung machen. Aus diesen positiven Aspekten heraus können nicht nur neue Kunden, sonder vielleicht auch neue Mitarbeiter gewonnen werden.

Auch die hohe Erfolgsquote von Crowdsourcing-Projekten ist sehr vorteilhaft. Frau Köster spricht von einer Erfolgsquote von 70% auf 12designer und ist sich sicher, dass die Erfolgsquote bei richtiger Vorbereitung und Durchführung sogar auf 100% steigen könnte. (Köster, 2013) Auch Frau

Czentarra ist vom hohen Erfolg der Crowdsourcing-Projekte überzeugt. Auf ihrer Ideenplattform hat sie nur positive Rückmeldungen von Unternehmen erhalten und es wurde bisher immer ein Gewinner gekürt, was zumindest nach außen auf eine Erfolgsquote von 100% schließen lässt.

Somit erscheint Crowdsourcing als ein äußerst vorteilhafte Ideengenerator für Unternehmen.

6.5. Crowdsourcing Nachteile für Unternehmen

Crowdsourcing kann jedoch auch einige Nachteile für Unternehmen mit sich bringen. Laut Frau Köster ist Crowdsourcing zwar eine preiswerte und zeitsparende Art der Ideenfindung, jedoch auch äußerst zeitintensiv. Es müssen für das Projekt Mitarbeiter zur Verfügung gestellt werden, die vom Anfang bis Ende des Projektes einen beachtlichen Teil ihrer Arbeitszeit dem Ideenwettbewerb widmen. Andernfalls funktioniert es ihrer Meinung nach nicht. (Köster, 2013)

Ein möglicher Schaden des Firmenimages ist laut Frau Czentarra ebenfalls ein Nachteil, der durch das Scheitern eines Crowdsourcing-Projektes entstehen kann. Als Beispiel wird Pril und seine Crowdsourcing-Kampagne „Mein Pril - Mein Stil" genannt. (Czentarra, 2013) Bei diesem Ideenwettbewerb durften die Kunden von Pril ein neues Design für eine Sonderedition kreieren und über die beste Idee abstimmen. Jedoch erlaubte sich einer der Designer einen Scherz und kreierte, wie auf der Abbildung 6 zu erkennen ist, ein Design mit dem Slogan „Pril schmeckt lecker nach Hähnchen".

Abbildung 6: „Pril schmeckt lecker nach Hähnchen" von tn3

Zum großen Ärger von Pril erhielt das Scherzdesign die meisten Stimmen der Crowd und wurde somit auf den ersten Platz gewählt. Pril sah sich gezwungen die Wahl der Kunden zu ignorieren und ließ von einer Fachjury ein anderes der Top 10 gewählten Designs zum Gewinner bestimmen. (Tißler, 2012) Dennoch hat das gescheiterte Projekt seine Spuren hinterlassen. Der Wunsch der Kunden wurde ignoriert, es wurde sehr viel über das gescheiterte Projekt und den eigentlichen Gewinner berichtet und Pril wurde ins Lächerliche gezogen. Seither ist Pril DAS Beispiel für ein gescheitertes Crowdsourcing-Projekt.

Ein weiterer Nachteil von Crowdsourcing ist die Möglichkeit, dass eine Idee, die dem Unternehmen durch den Wettbewerb übermittelt wird, ursprünglich nicht vom Ideenlieferanten stammt, sondern unbewusst oder sogar wissentlich von jemand anderem kopiert und als seine eigener Einfall ausgegeben wird. (Theißen, 2012) Wenn ein Unternehmen das nicht bemerkt und die Idee umsetzt, könnte es nicht nur rechtliche Folgen haben, wie zum Beispiel Verletzung von Urheberrechten, sondern das Unternehmen könnte auch als Dieb und Plagiator dargestellt werden, was dem Image des Unternehmens ebenfalls sehr schaden könnte.

Zudem kann das Unternehmen nicht wissen, wer sich hinter den Teilnehmern des Projektes verbirgt. Es könnte zwar ein potenzieller Ideengeber sein, jedoch könnte sich dahinter auch ein Konkurrent verstecken, der das Projekt und das Unternehmen bei seiner Ideensuche ausspioniert. Desweiteren könnten Ideen, die dem Unternehmen durch die Teilnehmer zur Verfügung gestellt werden, von der Konkurrenz kopiert und verwendet werden. Seine Unternehmensgrenzen zu öffnen und den Kunden in den Prozess der Ideenentwicklung mit einzubeziehen, bedeutet für das Unternehmen auch den Konkurrenten einen Einblick in den Wertschöpfungsprozess zu verleihen.

6.6. Crowdsourcing Vorteile für Konsumenten

Auch für Konsumenten bringen die Teilnahme und das Beisteuern ihrer Ideen viele Vorteile. Einer der größten Vorteile für Ideengeber ist die Möglichkeit mit wenig Aufwand Geld zu verdienen. Bei den meisten Crowdsourcing-Ideenwettbewerben wird ein Preisgeld für die besten Einfall angesetzt. Außerdem bietet, laut Claudia Pelzer, Crowdsourcing die Möglichkeit ortsunabhängig und zeitflexibel zu arbeiten. (Pelzer, 2012) Menschen können somit aus aller Welt, zu von ihnen festgelegten Arbeitszeiten und neben ihren Beruf, an Ideenwettbewerben teilnehmen und ihren Ideen Gestalt geben.

Besonders vorteilhaft ist Crowdsourcing für Teilnehmer, die schon länger eine Idee entwickelt haben, aber nicht die finanzielle Möglichkeit hatten, diese umzusetzen oder bisher keinen Weg gesehen haben, sie einem Unternehmen zu präsentieren. Durch Crowdsourcing können sie ihre Ideen dem Unternehmen schnell und ohne Umwege kommunizieren und zusätzlich vom Unternehmen und der Crowd Vorschläge zur Optimierung erhalten.

Weitere wichtige Vorteile der Teilnahme an Crowdsourcing-Projekten sind Spaß, die Ausübung der Fertigkeiten und der Vergleich mit der Konkurrenz. (Köster, 2013) Denn die Teilnahme an den Projekten bereitet den meisten Ideengebern große Freude. Sie können ihre Fähigkeiten üben und testen, betrachten welche Ideen andere Teilnehmer haben und sich mit ihnen messen. Spaß und Freude gehören zu den wichtigsten Vorteilen, die ein Crowdsourcing-Projekt mit sich bringt. Ein Teilnehmer kann nicht mit Sicherheit sagen, dass er ein Preisgeld oder eine Prämie gewinnen wird, aber wenn die Ideengenerierung Spaß bereitet, hat sich für viele von ihnen die Teilnahme bereits gelohnt.

Die wegfallende Kundenakquise ist ebenfalls ein Vorteil von Crowdsourcing. (Köster, 2013) Denn vor allem die jungen und unerfahrenen Designer müssen nicht viel Zeit auf der Suche nach Kunden verbringen, sondern können ihre Entwürfe durch Crowdsourcing Unternehmen zukommen lassen. In der normalen Arbeitswelt würden viele dieser Ideengeber wegen einer fehlenden Ausbildung oder geringen Erfahrung gar nicht vom Unternehmen beachtet werden. Bei einem Crowdsourcing-Projekt weiß ein Unternehmen jedoch nicht, ob sich hinter dem Teilnehmer ein gefragter, ausgebildeter Designer oder eine Hausfrau, die einem Hobby nachgeht, befindet und schenkt somit allen Ideenlieferanten die gleiche Beachtung und den gleichen Respekt.

Ein weiterer Vorteil des Crowdsourcing für die Konsumenten ist die Teilnahme am Wertschöpfungsprozess. Anders als bei anderen Arten der Ideengenerierung wird bei Crowdsourcing der Kunde in den Wertschöpfungsprozess miteinbezogen. Das verschafft ihm die Möglichkeit seine eigenen Präferenzen und Ideen in die Entwicklung, Gestaltung oder Verbesserung des Produktes mit einfließen zu lassen und somit das von ihm konsumierte Produkt nach seinen Vorstellungen zu optimieren.

Auch das Gefühl geholfen zu haben und die Aufmerksamkeit durch das Unternehmen gehören, nach der Meinung von Pelzer, zu den Vorteilen von Crowdsourcing. (Pelzer, 2012) Durch das Beisteuern von Vorschläge und Entwürfen haben die Teilnehmer das Gefühl einem Unternehmen bei seiner Problemlösung geholfen und einen wichtigen Beitrag geleistet zu haben. Zudem erhalten sie durch das Liefern ihrer Ideen Aufmerksamkeit in Form von Punktvergabe, Kommentaren oder Verbesserungsvorschlägen von der Community und dem Unternehmen. Besonders diese Aufmerksamkeit ist für die Teilnehmer äußerst befriedigend, denn durch die Beachtung und eine mögliche Anerkennung eines großen Unternehmens fühlen sie sich wichtig und ernst genommen, was zu einer Steigerung des Selbstwertgefühls beitragen kann.

6.7. Crowdsourcing Nachteile für Konsumenten

Crowdsourcing bringt jedoch auch einige Nachteile für Konsumenten, die auf den ersten Blick nicht gleich zu erkennen sind. Einer der wichtigsten Nachteile von Crowdsourcing verbirgt sich hinter einem seiner größten Vorteile, nämlich die Gewinnprämie. Auf den ersten Blick scheint es, als könne man durch die Teilnahme an einem Ideenwettbewerb schnell und viel

Geld verdienen. Doch was die Teilnehmer oft nicht bedenken ist, dass sie nur einer von hunderten oder bei größeren Projekten nur einer von tausenden Teilnehmern sind. Statistisch gesehen ist die Wahrscheinlichkeit trotz der vielen Konkurrenz zu gewinnen sehr gering. Es ist viel wahrscheinlicher, dass die investierte Arbeitszeit vollkommen umsonst war.

Und selbst wenn man mit einer sehr guten Idee den Wettbewerb gewinnt, bedeutet es nicht, dass man vergleichsweise gerecht vom Unternehmen entlohnt wird, denn der Gewinn eines Ideenwettbewerbes bedeutet für den Ideengeber zugleich auch den Abtritt seiner Rechte an der Idee. Der Mindestpreis, den Unternehmen auf vielen Plattformen ansetzen müssen, liegt bei etwa 200 €. Mit den Ideen, die die Unternehmen erhalten, können sie in manchen Fällen bis zu Millionen verdienen oder einsparen. Wodurch der Preis, der dem ursprünglichen Ideenentwickler gezahlt wurde, äußerst gering erscheint. Da der Ideengeber seine Rechte abtreten musste, hat er auch keinerlei Ansprüche mehr auf den Gewinn, den das Unternehmen mit seiner Idee macht.

Zudem besteht für den Ideenentwickler die Gefahr, dass die Idee, die er mühsam entwickelt hat, nach der Veröffentlichung bei einem Crowdsourcing-Wettbewerb, von einem der anderen Teilnehmer kopiert, bei einem anderen Wettbewerb verwendet und als dessen Werk ausgegeben wird. Somit könnte sich ein anderer an seiner Idee bereichern. Nachzuweisen, von wem die Idee ursprünglich entwickelt wurde und dies rechtlich zu klären, ist für den Ideenentwickler sehr mühsam und stressig.

6.8. Zukunftsausblick für Crowdsourcing

Viele Unternehmen in Deutschland zögern noch beim Einsatz von Crowdsourcing als Ideengenerator. Laut Frau Czentarra liegt es unter anderem an den negativen Beispielen, wie die gescheiterte Crowdsourcing-Kampagne von Pril, die die Unternehmen zögern lassen. (Czentarra, 2013) Die Unternehmen haben Angst vor einem Imageverlust und wollen lieber mit einer anderen Art der Ideenfindung auf Nummer sicher gehen.

Aber auch die fehlende Aufklärung und Ungewissheit sind Frau Kösters Überzeugung nach schuld am Zurückhalten vieler Unternehmen. (Köster, 2013) Ihrer Meinung nach wissen manche Unternehmen gar nicht, dass es Crowdsourcing gibt oder sie haben falsche Vorstellungen von dieser Art der Ideengenerierung. Außerdem gibt es einige Faktoren, die für sie sehr ungewiss sind, wie zum Beispiel wer der eigentliche Ideengeber ist, wo sein Standort ist, ob er bei Problemen zu erreichen ist und wann die gesuchte Idee geliefert wird. (Köster, 2013) Ein virtuell verlaufendes Projekt verunsichert manche Unternehmen, denn sie haben das Gefühl weniger Einfluss und Kontrolle über den Prozess der Ideengenerierung zu haben, als bei der Ideengenerierung innerhalb des Unternehmens.

Doch um erfolgreich zu sein müssen die Unternehmen mit der Zeit gehen und lernen sich bei der Ideensuche zu öffnen. Immer mehr Unternehmen trauen sich laut Frau Czentarra Crowdsourcing auszuprobieren und erkennen, welche Vorteile es mit sich bringen kann. Und beide Expertinnen sind überzeugt, dass Crowdsourcing und die Ideengenerierung durch den Konsumenten in deutschen Unternehmen weiter zunehmen wird. (Czentarra, 2013, Köster, 2013)

6.9. Ideenentwicklung durch den Konsumenten

Die Ideenentwicklung durch den Konsumenten unterscheidet sich vor allem durch das Öffnen der Unternehmensgrenzen und das Einbeziehen der Konsumenten in den Wertschöpfungsprozess von anderen Arten der Ideengenerierung. Genau diese Faktoren prägen auch den Erfolg dieser Methode, denn durch das Öffnen der Unternehmensgrenzen und der Ideensuche innerhalb einer bestimmten Crowd, erhält ein Unternehmen eine größere Summe von Ideen, als es innerhalb seiner Unternehmensgrenzen je hätte generieren können. Durch die hohe Anzahl an Anregungen und der Vielfältigkeit der Ideengeber ist die Wahrscheinlichkeit eine sehr gute Idee zu erhalten, entsprechend hoch.

Jedoch ist die Ideenlieferung durch den Konsumenten nicht für alle Bereiche der Ideengenerierung geeignet. So macht es zum Beispiel wenig Sinn, Konsumenten nach Lösungen für eine Verbesserung der Vertriebswege oder der Kommunikationsstruktur innerhalb des Unternehmens zu fragen, weil sie weder über nötige interne Informationen noch über Einblick in die Unternehmensstruktur verfügen. Die Ideengenerierung innerhalb des Unternehmens oder durch ein externes Beratungsunternehmen ist in diesem Fall besser geeignet. Auch Bereiche, in denen die Bereitstellung von Tools und Werkzeugen für die Ideenentwicklung durch den Konsumenten mehr Geld kostet als die daraus resultierende Idee einbringen würde, sind für diese Methode ungeeignet. So müsste zum Beispiel ein Unternehmen, das durch Crowdsourcing ein neues Parfüm entwickeln möchte, jedem Teilnehmer die nötigen Düfte und Öle für seine Kreationen zur Verfügung stellen. Diese Zutaten sind oft sehr kostbar und würden von den meisten Teilnehmern zu unangenehm riechenden, unbrauchbaren und nicht wiederverwendbaren Gemischen zusammengebraut werden. Dadurch würde das Unternehmen trotz möglicher guter Ideen und Kreationen viel Geld verlieren. Der letzte Bereich, für den Crowdsourcing oft ungeeignet ist, ist der Bereich der Dienstleistung. Wenn zum Beispiel ein Unternehmen ein Drittunternehmen mit einer Dienstleistung, wie dem Entwerfen eines Logos oder der Entwicklung einer Homepage beauftragt, kann das beauftragte Unternehmen seine eigenen Kunden nicht um Ideen und Entwürfe für einen Auftraggeber bitten. Das Dienstleistungsunternehmen würde dabei nicht nur vertrauliche Informationen über seinen Auftraggeber preisgeben, sondern sich auch für eine Leistung bezahlen lassen, die es nicht erbracht hat.

In den richtigen Bereichen und mit einer guten Vorbereitung kann ein Crowdsourcing-Projekt jedoch sehr viele Vorteile bringen. Beim genauen Betrachten der Marktforschungsergebnisse kann man allerdings erkennen, dass die meisten und wichtigsten Vorteile der Ideengenerierung durch den Konsumenten, nicht für den Konsumenten selbst, sondern für das Unternehmen entstehen. Das Unternehmen kann kostengünstig und zeitsparend an sehr viele gute Ideen gelangen, durch die Einbindung des Kunden in den Wertschöpfungsprozess den Erfolg der umgesetzten Idee erhöhen und nebenbei auch das Firmenimage verbessern. Von den 1.000 Teilnehmern an einem Crowdsourcing-Projekt werden jedoch 999 leer ausgehen und ihre Zeit und Arbeit umsonst investieren. Selbst der Gewinner wird zu einem vergleichsweise sehr niedrigen Preis die Rechte an seiner Entwicklung oder seinem Entwurf abtreten, während das Unternehmen möglicherweise mit seiner Idee sehr viel Geld verdient. Man kann also sagen, dass die Unternehmen die klaren Gewinner des Crowdsourcing sind. Doch sind die Konsumenten dadurch die ausgebeuteten Verlierer? Möglicherweise ist durch Crowdsourcing sogar die Vorhersage von Rieder und Voß eingetreten und der Kunde hat sich zum „arbeitende[n] Kunden" entwickelt, dessen Arbeitskraft durch Unternehmen für eine geringe Entlohnung oder sogar umsonst ausgebeutet wird. (Rieder, Voß, 2005) Hier lässt sich jedoch entgegnen, dass zum einen durch die Nicht-Teilnahme an Crowdsourcing-Projekten keinerlei Nachteile für die Kunden entstehen und zum anderen der Spaß an der Teilnahme, der die Kunden zum Mitmachen motiviert. Denn so lange die Kunden Freude beim Ideengenerieren empfinden, ist Crowdsourcing und die Ideenlieferung durch den Konsumenten keine Ausbeutung, sondern eine partnerschaftliche und vorteilhafte Zusammenarbeit für beide Seiten.

7. Fazit

Um auf dem hartumkämpften Markt des 21. Jahrhunderts wettbewerbsfähig und erfolgreich zu sein, muss ein Unternehmen einen Weg finden, kostengünstig an Ideen und Innovationen zu gelangen. Die umgesetzten Ideen dürfen für ein erfolgreiches Bestehen dabei nicht an den Wünschen und Bedürfnissen des oft schwer durchschaubaren Konsumenten vorbei entwickelt werden. Eine Methode um dies zu erreichen ist Crowdsourcing - die Ideengenerierung durch den Konsumenten. Durch diese Art der Ideenentwicklung erhält das Unternehmen nicht nur kostengünstig und zeitsparend eine Vielfalt von Einfällen, sondern erhöht durch den Einbezug des Kunden und dessen Wünsche in die Ideengenerierung auch die Erfolgswahrscheinlichkeit der umgesetzten Idee. Hinzu kommen positive Nebeneffekte des Crowdsourcing, wie ein verbessertes Firmenimage oder die emotionale Bindung des Konsumenten an das entstandene Produkt und das Unternehmen, die es zu einer attraktiven Art der Ideengenerierung macht.

Selbstverständlich beinhaltet Crowdsourcing auch Risiken und Nachteile für Unternehmen, wie gestohlene Ideen, ungewollte Einblicke durch die Konkurrenz, Scheitern des Projektes und Image-Schädigung. Das Öffnen der Unternehmensgrenzen zur Ideenfindung fordert von den Unternehmen Flexibilität, die Abgabe von Kontrolle und eine gewisse Risikobereitschaft. Wenn ein Unternehmen bereit ist all dies zu erbringen, kann es durch die Ideengenerierung durch den Konsumenten jedoch profitieren und Vorteile erhalten, die in dieser Form keine andere Art der Ideenentwicklung bieten kann.

Doch kann Crowdsourcing die üblichen Ideengenerierungsarten, wie interne Ideengenerierung, Marktforschung oder externe Unternehmen wie Agenturen, ersetzen? Crowdsourcing ist eine vielfältige und moderne Art der Ideenentwicklung, durch die vor allem die Unternehmen profitieren. Jedoch kann Crowdsourcing die üblichen Arten der Ideengenerierung nicht vollkommen ersetzen, da es Bereiche gibt, für die die Ideenlieferung durch den Konsumenten nicht geeignet ist. Zudem ist Crowdsourcing eine vergleichsweise wenig erprobte Methode, die noch nicht ganz ausgereift ist und durch vermehrten Einsatz in Unternehmen noch optimiert werden muss. Außerdem bringt es Risiken mit sich, die die anderen Ideengeneratoren nicht haben. Crowdsourcing kann die üblichen Ideengenerierungsarten demnach nicht ersetzten, doch es kann diese ergänzen. Durch den Einsatz von Crowdsourcing, neben den herkömmlichen Methoden zur Ideengenerierung, kann ein Unternehmen die Risiken reduzieren und von vielen Vorteilen der Ideengenerierung durch den Konsumenten profitieren.

Die vorliegende wissenschaftliche Arbeit und die durchgeführte Marktforschung haben gezeigt, dass Crowdsourcing eine nicht risikofreie, dennoch in vielerlei Hinsicht vorteilhafte Art der Ideengenerierung ist, die die herkömmlichen Arten der Ideengenerierung nicht ersetzen kann. Crowdsourcing kann diese jedoch ergänzen und das Unternehmen durch die Vielfalt an Ideen und den Einbezug des Kunden profitieren lassen.

Literaturverzeichnis

Czentarra, C. (2013) Interview via Skype mit Maria Tag, 16. Mai

Dawson, R. und Bynghall, S. (2012) *Getting Results From Crowds*, 2. Auflage, San Francisco (USA), Advanced Human Technologies, S.12

Gassmann, O. und Enkel, E. (2006) 'Open Innovation: Die Öffnung des Innovationsprozesses erhöht das Innovationspotenzial', in *zfo*, Nr.3/2006 (75 Jg.), S.132-138, online verfügbar unter: http://www.bgw-sg.com/doc/open%20innovation%20zfo%202006.pdf (Aufrufdatum: 15. Mai 2013)

Gassmann, O. (2010) *Crowdsourcing: Innovationsmanagement mit Schwarmintelligenz*, München, Carl Hanser Verlag, S. 12

Hauschildt, J. und Salomo, S. (2007) *Innovationsmanagement*, 4. Auflage, München, Vahlen Verlag, S.4

Kleemann, F., Voß, G. und Rieder, K. (2008) *Crowdsourcing und der arbeitende Konsument*, Arbeits- und Industriesoziologische Studien, Heft 1 (1.Jg.), S.29-36, online verfügbar unter: http://www.ais-studien.de/uploads/tx_nfextarbsoznetzeitung/2008_AKO_crowdsourcing__A_l-Studien_.pdf (Aufrufdatum: 30. Mai 2013)

Köster, E. (2013) Telefoninterview mit Maria Tag, 18. April

Lang, C. (2010) *Einsatzpotentiale von Crowdsourcing und Open Innovation für das Customer Experience Management*, München, GRIN Verlag, S.1-7

Leimeister, J. M. (2012), 'Crowdsourcing: Crowdfunding, Crowdvoting, Crowdcreation' , *Zeitschrift für Controlling und Management (ZFCM)*, Ausgabe Nr. 56, S.389-390, online verfügbar unter: http://pubs.wi-kassel.de/wp-content/uploads/2013/03/JML_391.pdf (Aufrufdatum: 15. Mai 2013)

Möslein, K. und Zerfaß, A. (2009) *Kommunikation als Erfolgsfaktor im Innovationsmanagement: Strategien im Zeitalter der Open Innovation*, 1. Auflage, Wiesbaden, GABLER GWV Fachverlag, S.85

Pelzer, C., Wenzlaff, K. und Eisfeld- Reschke, J. (2012), Crowdsourcing Report 2012: Die neue digitale Arbeitswelt, Berlin, epubli GmbH, S.13-15

Reichwaldt, R. und Piller, F. (2009) *Interaktive Wertschöpfung: Open Innovation, Individualisierung und neue Formen der Arbeitsteilung*, 2. Auflage, Wiesbaden, GABLER GWV Fachverlag, S.1-9, online verfügbar unter: http://downloads.mass-customization.de/iws/Reichwald-Piller_IWS-2009_Auszug_2auflage.pdf (Aufrufdatum: 30. Mai 2013)

Rieder, K. und Voß, G. (2005) *Der arbeitende Kunde: Wenn Konsumenten zum unbezahlten Mitarbeiter werden,* Frankfurt am Main, Campus Verlag GmbH, S.177-184

Szymaniak, C. (2012) *Crowdsourcing: Die Nutzung der Energie von Bereitwilligen*, München, GRIN Verlag, S.5

Internetquellen

Begner, J. (2012) 'Crowdfunding im Licht des Aufsichtsrechts', *Bundesanstalt für Finanzdienstleistungsaufsicht (BaFin)*, 5. September [Online], online verfügbar unter:
http://www.bafin.de/SharedDocs/Veroeffentlichungen/DE/Fachartikel/fa_bj_20 12_09_crowdfunding.html (Aufrufdatum: 30. Mai 2013)

Bratvold, D. (2011) 'Crowd Census: Crowdsourcing Market Report', *Daily Crowdsource,*15. November [Online], S.2, online verfügbar unter:
http://dailycrowdsource.com/daily-crowdsourcing-files/downloadables-crowdsourcing/public/market-research/crowdcensus-001-look-inside.pdf (Aufrufdatum: 15. Mai 2013)

Bretschneider, U. und Leimeister, J. M. (2011): *Crowdsourcing, Fachlexikon Technologie- und Innovationsmanagement*, online verfügbar unter:
http://pubs.wi-kassel.de/wp-content/uploads/2013/03/JML_302.pdf (Aufrufdatum: 15. Mai 2013)

Grams, C. (2010) *Why the open source way trumps the crowdsourcing way*, opensource.com, 15. April [Online], online verfügbar unter:
http://opensource.com/business/10/4/why-open-source-way-trumps-crowdsourcing-way (Aufrufdatum: 30. Mai 2013)

Howe, J. (2006) 'The Rise of Crowdsourcing', *Wired Magazin*, 14. Juni [Online], online verfügbar unter:
http://www.wired.com/wired/archive/14.06/crowds.html (Aufrufdatum: 15. Mai 2013)

Howe, J. (2007) *Crowdsourcing: A Definition*, crowdsourcing.com, online verfügbar unter: http://www.crowdsourcing.com/ (Aufrufdatum: 15. Mai 2013)

Miertzschke, M. (2012) 'Crowdfunding: Die Masse macht's möglich', *pflichtlektüre*, 13. März [Online], online verfügbar unter: http://www.pflichtlektuere.com/13/03/2012/crowdfunding-die-masse-machts-moeglich/ (Aufrufdatum: 30. Mai 2013)

Nielsen, J. (2006) *Participation Inequality: Encouraging More Users to Contribute*, Jakob Nielsen´s Alertbox, 9.Oktober [Online] online verfügbar unter: http://www.nngroup.com/articles/participation-inequality/ (Aufrufdatum: 30. Mai 2013)

Pelzer, C. (2011) 'The Rise of Crowdsourcing', *marketing-Börse*, 22. November [Online], online verfügbar unter: http://www.marketing-boerse.de/Fachartikel/details/The-Rise-of-Crowdsourcing/33223 (Aufrufdatum: 15. Mai 2013)

Pelzer, C. (2012) *Das Crowd Lexikon: Definitionen und Begriffsabgrenzungen*, Crowdsourcingblog, 15. August [Online], online verfügbar unter: http://www.crowdsourcingblog.de/blog/2012/08/15/das-crowd-lexikon-definitionen-und-begriffsabgrenzungen/ (Aufrufdatum: 15. Mai 2013)

Pelzer, C. (2012) *Welche Vorteile bringt der Einsatz von Crowdsourcing?*, 3. August [Online], online verfügbar unter: http://www.crowdsourcingblog.de/blog/2012/08/03/welche-vorteile-bringt-der-einsatz-von-crowdsourcing/ (Aufrufdatum: 30. Mai 2013)

Planters Peanuts (2013) *Planters Historic Timeline 1906 - Present*, online verfügbar unter: http://www.planters.com/history.aspx (Aufrufdatum: 30. Mai 2013)

Theißen, M. (2012) *Was ist Crowdsourcing? Vor- und Nachteile*, 2. August [Online], online verfügbar unter: http://www.logo-pogo.de/was-ist-crowdsourcing-vor-und-nachteile/308 (Aufrufdatum: 30. Mai 2013)

Tißler, J. (2011) 'Wenn Social Media aus dem Ruder läuft: Pril „Hähnchengeschmack"', *t3n*, 11. April [Online], online verfügbar unter: http://t3n.de/news/social-media-ruder-lauft-pril-hahnchengeschmack-305271/ (Aufrufdatum: 30. Mai 2013)

Viitamäki, S. (2007) *The FLIRT Model of Crowdsourcing: Creators, Critics, Connectors & Crowd*, Ou Topos, 22. Mai [Online], online verfügbar unter: http://www.samiviitamaki.com/?p=84 (Aufrufdatum: 30. Mai 2013)

Viitamäki, S. (2008) *The FLIRT Model of Crowdsourcing: Planning and Executing Collective Customer Collaboration*, Helsinki School of Economics, Master's thesis, S.26 und S. 59-60 online verfügbar unter: http://de.scribd.com/doc/20607704/The-Flirt-Model-of-Crowdsourcing-%E2%80%93%C2%A0Sami-Viitamaki-Master-s-Thesis (Aufrufdatum: 30. Mai 2013)

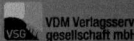